«Si sus padres se divorciaron, tiene que leer este libro apremiante. *Rompa con el ciclo del divorcio* es como una inoculación contra la epidemia del divorcio, previniendo que se esparza de generación en generación. Le va a asegurar que su matrimonio puede durar toda la vida y le dará un mapa muy práctico para llegar a esa meta».

Shaunti Feldhahn, autora de *Sólo para mujeres*

«El doctor John Trent es honesto. ¡Es vulnerable y tiene razón! Los hijos adultos del divorcio (como yo), pueden empezar un nuevo ciclo de matrimonios exitosos en sus familias. ¡Lo sé porque he permanecido casada por 41 años! Empiece a leerlo, porque este libro le enseñará los pasos que le llevarán a un amor que durará toda la vida».

Linda Dillow, autora de *Calm My Anxious Heart* y coautora de *Temas de intimidad*.

«Aunque hace referencia a la influencia perjudicial que tiene el divorcio sobre los niños, este libro también da evidencia convincente de que el poder negativo que tiene el ejemplo de los padres puede ser destruido. John Trent es "prueba evidente" de que la perspicacia de esta obra puede conducirle a tener un matrimonio de éxito».

Dr. Gary D. Chapman, autor de *Los cinco lenguajes del amor* y *Las cuatro estaciones del matrimonio*

D0089238

«John Trent toma el lienzo del divorcio y le cambia el marco por uno de esperanza. Nos enseña cómo pintar sobre las líneas punteadas del divorcio con pinceladas de amor duradero, nos da las herramientas para romper el ciclo, y nos dice cómo crear un legado de amor para toda la vida».

Sharon Jaynes, autora de *Becoming the Woman of His Dreams* y *Becoming a Woman Who Listens to God*.

ROMPA
CON EL CICLO DEL
DIVORCIO

**CÓMO PUEDE TENER
ÉXITO SU MATRIMONIO,
AUNQUE EL DE SUS PADRES
HAYA FRACASADO**

ROMPA
CON EL CICLO DEL
DIVORCIO

CÓMO PUEDE TENER
ÉXITO SU MATRIMONIO,
AUNQUE EL DE SUS PADRES
HAYA FRACASADO

John Trent, Ph.D.
y Larry K. Weeden

GRUPO NELSON
Una división de Thomas Nelson Publishers
Desde 1798

NASHVILLE   DALLAS   MÉXICO DF.   RÍO DE JANEIRO   BEIJING

Título en inglés: *Breaking the Cycle of Divorce*
© 2006 por John Trent, Ph.D.
Un libro de Enfoque a la Familia publicado por
Tyndale House Publishers, Carol Stream, Illinois 60188
Todos los derechos reservados. Derecho internacional asegurado.
Publicado con asociación de la agencia literaria de Alive Communications, Inc.,
7680 Goddard Street, Suite 200, Colorado Springs, CO 80920

A menos que se indique lo contrario, todos los textos
bíblicos han sido tomados de la Nueva Versión Internacional® NVI®
© 1999 por la Sociedad Bíblica Internacional. Usado con permiso.

Los nombres de las personas y ciertos detalles de sus historias han sido
cambiados para proteger la privacidad de los individuos involucrados.

Traducción: *Lesvia E. Kelley*
Adaptación del diseño: *Grupo Nivel Uno, Inc.*
Diseño de la portada: *Joseph Sapulich*
Fotografía de la portada © por *MedioImages//Getty Images*.
Todos los derechos reservados.

ISBN-10: 1-60255-004-2
ISBN-13: 978-1-60255-004-9

Impreso en Estados Unidos de América

*En memoria afectuosa de Zoa L. Trent, querida madre
y ejemplo de talla mundial de alguien que usó el amor de Dios
para poder «revocar la maldición» a sus hijos y a muchos otros.*

☙

Contenido

Reconocimientos

Mi agradecimiento a Cecil Price, investigador profesional de excelencia, por ayudarme a encontrar estadísticas y otros materiales utilizados en este libro.

También quisiera darle las gracias a mi amigo Jim McGuire, que sirvió como ayudante técnico cuando mi correo electrónico y el de mi coautor no querían comunicarse. Aprecio mucho que Jim se haya quedado trabajando tarde algunas noches para así llevar y traer los anexos de los capítulos.

Como siempre, mi agente Lee Hough de Alive Communications, fue de gran ayuda al poner todas las partes de este proyecto en orden y al asegurarse de que todo me saliera bien.

En lo personal, mi esposa Cindy y nuestras hijas Kari y Laura, merecen elogios por el ánimo y el tierno apoyo que me brindan. No podría hacer el trabajo que hago si no estuviesen unánimemente a mi lado. Ellas son mis más grandes admiradoras y eso significa tanto para mí, que no tengo las palabras para expresarlo.

A mis hermanos Jeff y Joe, que al igual son una fuente de gran aliento cuando trabajo en mis proyectos literarios. Ellos también forman parte del elenco que menciono en este libro.

Finalmente, agradezco al equipo profesional de Enfoque a la Familia por trabajar arduamente ayudándome a darle forma a este libro, producirlo y presentarlo de una manera excepcional.

EL RETO

Los hijos del divorcio no tienen idea de cómo crear y mantener relaciones sanas. Por tanto, típicamente, la idea de casarse los llena tanto de gozo como de terror al mismo tiempo.

Imagínese haber nacido en una ciudad grande en el este de los Estados Unidos, nunca antes haber puesto un pie fuera de la «jungla de concreto». Un día, una persona a la cual usted quiere mucho, le pide que dibuje un cuadro del desierto de Arizona en primavera, con una variedad de cactus con flores, y un alfombrado colorido y brillante de flores silvestres cubriendo la arena, una escena que nunca ha presenciado o ni siquiera ha visto en fotografías.

¿Podría hacerlo?

Es casi seguro que pensaría que eso es imposible de hacer, aunque tuviese talento artístico. ¿Cómo esperar pintar un paisaje que nunca ha visto antes? Tal vez le preocupe que su ser querido se sienta triste; quizás desee desesperadamente satisfacer su pedido. Pero usted se preguntaría: ¿Cómo se ve un cactus?, es más, ¿cómo se ve una docena de diferentes clases de cactus? ¿Y desde cuándo los cactus florecen? Y mientras estamos en el tema, ¿qué es una flor silvestre?

Los hijos adultos del divorcio, que están contemplando la posibilidad de casarse, o que ya están casados y están luchando para mantener su matrimonio, enfrentan un reto que parece ser casi inconcebible. Como cualquier ser humano, quieren ser amados y aceptados. Como la mayoría de las personas, anhelan encontrar esas cosas en una relación marital que sea fuerte y próspera, y que sea mutuamente satisfactoria «hasta que la muerte los separe».

Lamentablemente, esos hijos del divorcio nunca han visto una relación marital como esa. No tienen ni idea de cómo se ve. Su única experiencia es con una relación que, por alguna de mil razones, no duró. En su experiencia, cuando las cosas se ponen duras, los hombres y las mujeres escapan de un matrimonio «malo».

Unas cuantas encuestas y estudios han descubierto que es mucho más probable que los hijos adultos del divorcio se divorcien, que los de las familias intactas (como por ejemplo: aquellas en las que la mamá y el papá no se divorciaron).

Así que muy a menudo, esos hijos del divorcio no tienen ni la menor idea de cómo crear y mantener una relación sana. Por tanto, típicamente, la idea de casarse los llena tanto de gozo como de terror al mismo tiempo. Tal y como lo afirma Judith Wallerstein, una de las investigadoras más destacadas en cuanto a los efectos del divorcio: «Cuando los hijos del divorcio se convierten en adultos, tienen mucho temor de que sus relaciones fallen, como la relación más importante en las vidas de sus padres. Ellos maduran con una sensación muy fuerte de que las experiencias que tuvieron cuando estaban creciendo no los prepararon para el amor, el compromiso, la confianza, el matrimonio, ni la esencia de cómo tratar y resolver los conflictos. Viven angustiados por los fantasmas poderosos de su infancia que les dicen que ellos, al igual que sus padres, no van a tener éxito».[1]

Esos temores están bien fundados. Unas cuantas encuestas y estudios han descubierto que es mucho más probable que los hijos adultos del divorcio se divorcien que los de las familias intactas (como por ejemplo: aquellas en las que la mamá y el papá no se divorciaron).[2] Dependiendo de la encuesta, un hijo del divorcio es al menos dos o cuatro veces más proclive a divorciarse.

Como si las estadísticas sobre el divorcio asustaran poco, los hijos de un hogar divorciado son propensos a otros problemas. Como por ejemplo, es dos veces más probable que no completen la secundaria, en comparación con los hijos de familias intactas. Es dos veces más probable que se conviertan en padres adolescentes o padres solteros. Además, cuando llegan a ser adultos, son mucho más proclives a depender de la asistencia social.[3]

Hay esperanza

Si usted, que está leyendo esto, es un hijo adulto del divorcio, probablemente esté familiarizado con esas estadísticas y el temor que producen.

Como lo mencioné al principio, tal vez se estará preguntando, cómo es posible que alguien espere que usted pinte un cuadro de algo que no ha visto, cómo puede usted tener un matrimonio fuerte e intacto, cuando el matrimonio de sus propios padres falló. Y probablemente se esté preguntando si este libro realmente le puede ayudar.

Para usted, lector ansioso, tengo dos cosas que decirle desde el comienzo: *Lo primero y más importante de todo es que sí es posible romper el ciclo del divorcio.* Puede aprender a crear y a mantener una relación matrimonial fuerte, saludable y duradera. *Puede* aprender a pintar ese cuadro de algo que aún no ha visto. Hay esperanza verdadera para su futuro y para su matrimonio.

Segundo, le animará saber que no hablo de este tema como un académico que simplemente pensó que esto sería un estudio interesante. No, este libro está basado en mi propia experiencia, y surge de mi propia pasión y necesidad de aprender. Mire, yo también soy un hijo del divorcio. En realidad, mi padre se divorció tres veces y mi madre dos.

Así que, al igual que usted, al conocer y enamorarme de la persona de mis sueños, tuve que preguntarme si iba a poder gozar de un matrimonio saludable. Cuando surgieron los conflictos después del matrimonio, tuve que considerar si íbamos a poder resolver nuestras diferencias o no.

¿Podría yo tener éxito en lo que mis padres fallaron, o estaba destinado a repetir sus errores, sus decisiones... sus patrones?

Como tuve el privilegio de casarme con la mujer más maravillosa del mundo, por las lecciones que he aprendido a lo largo del camino (de mi madre y otras personas), y especialmente por la gracia de Dios, cuando este libro salga a la venta ya habré estado casado por veintisiete años, y el futuro se ve más brillante que el pasado. Mi esposa, Cindy, y yo somos prueba evidente de que el ciclo del divorcio se puede romper. El fracaso del matrimonio de mis padres *no* tiene que dictar el destino de nuestra relación, y el divorcio de sus padres tampoco tiene por qué dictar el futuro de su matrimonio.

Usted, que es un hijo del divorcio, puede crear un matrimonio fuerte y duradero. Cuando los conflictos surjan entre usted y su esposa, los dos pueden resolverlos y encontrar una solución saludable. Al enfrentar otros retos (la salud, los problemas cotidianos, etcétera), usted y su pareja pueden unirse más en vez de separarse.

Camine conmigo a través de las páginas de este libro, y déjeme enseñarle cómo empezar un nuevo ciclo en su familia. Todo empieza, como veremos en el capítulo 1, reconociendo que debido a que creció en un hogar de divorciados, también creció enfrentando el reto más grande que se hubiese imaginado. Si se ha dado cuenta o no, hasta en el siglo XXI, usted está enfrentando los efectos de una maldición.

Preguntas para reflexionar y para aplicarlas

1. Como hijo o hija del divorcio, ¿cuál es el temor más grande que tiene de casarse o estar casado?

2. ¿Cómo debería verse un matrimonio saludable? ¿Por qué?

3. Ahora mismo, en la escala del uno (sin confianza alguna) al diez (absoluta certeza), ¿qué tan seguro o segura está de que sí puede romper el ciclo del divorcio y formar un matrimonio fuerte y duradero?

Capítulo 1

BAJO MALDICIÓN

Es muy evidente que los niños y los adultos de padres que se han divorciado, verdaderamente están viviendo bajo una maldición. Esta se extiende de generación a generación hasta que alguien logre romperla y establecer nuevos patrones.

En la introducción, le hice imaginar que le pidieron que dibujara un paisaje que nunca había visto antes. Ahora déjeme darle otra ilustración para ayudarle a entender qué es lo que tienen que enfrentar los hijos adultos del divorcio (a quienes llamaremos HADD de ahora en adelante).

Hoy en día, cuando escuchamos la palabra *maldición*, nos imaginamos una película de horror o un cuadro que salió de un tipo de novela como las de Stephen King, como de alguien parado en un cementerio a medianoche y que nos está sacudiendo una pata de gallina llena de sangre. Esas son imaginaciones que nos persiguen pero que realmente no nos tocan. Pero la «maldición» en la cual usted y yo crecimos, si es de una familia divorciada, es real.

Cuando en la Biblia se habla acerca de alguien que está «bajo maldición», se evoca la imagen de un arroyo represado. La mayor parte de la Tierra Santa es árida. Así que los arroyos que fluyen con agua refrescante, cuando se les pueden encontrar, son de vital importancia.

Imagínese, entonces, que está trastabillando por un desierto, exhausto y sediento. El agua se le acabó hace unos días y su boca está tan seca como la arena. El sol incesante le está quemando la cabeza y cegando los ojos. Los huesos blancuzcos de un camello muerto hace mucho tiempo, le recuerdan cuán peligrosa es su situación.

¿Qué le hace seguir? ¿Qué le da esperanza? Usted sabe que en algún lugar más adelante, no muy lejos, hay un manantial. Aun en los tiempos más secos, se sabe que ese manantial sigue fluyendo. Si sólo pudiese llegar a él, esa agua le daría nuevas fuerzas y energía, refrescándole lo suficiente como para completar su regreso a la civilización.

¡Al fin puede ver el manantial, al llegar a la cima de la montaña! Al principio teme que sea un espejismo. Pero al ir tambaleándose por una orilla de la montaña, descendiendo cada vez más rápido y acercándose más y más, reconoce que verdaderamente es el manantial con el que cuenta para que le mantenga con vida.

Trastabillándose hacia la orilla del manantial, sólo desea meterse y sumergirse de lleno en el agua fría. Pero al zambullirse, ¡se da cuenta de que no hay agua! Encontrándose en medio de un arroyo seco y rocoso, cae en cuenta de que al irse acercando no escuchó el sonido del agua corriendo.

¿Qué pasaría? ¿Dónde está el agua?

Impulsado por la sed, avanza corriente arriba para encontrar el problema. Usted sabe que el arroyo que vierte agua en el manantial no debe estar muy lejos. Y sigue tambaleándose con debilidad y fatiga.

Al poco tiempo, su jornada le lleva alrededor de una montaña y hacia un pequeño valle. Y allí es donde encuentra el problema. A una distancia corta de donde brota el agua de la montaña, antes de que aumentara la corriente y se vertiera en el manantial, alguien construyó una represa alta y sólida. El flujo del agua por la montaña, camino al valle y luego al manantial, fue cortado.

> *He allí una ilustración de lo que la Biblia dice*
> *acerca de alguien que está bajo maldición.*
> *El flujo del amor y el ánimo que da vida ha*
> *sido cortado. La persona se encuentra sin*
> *esperanzas en una tierra «seca».*

Todo y todos los que se encuentran después de la represa, están sin agua en una tierra seca y estéril.

He allí una ilustración de lo que la Biblia dice acerca de alguien que está bajo maldición. El flujo del amor y el ánimo que da vida ha sido cortado. La persona se encuentra sin esperanzas en una tierra «seca». Es una ilustración del agua que da vida cuando está represada y lejos de su alcance.

Los HADD, como yo, crecieron bajo esa clase de maldición. El flujo de amor, el apoyo y el buen ejemplo de un matrimonio saludable que debieron tener al ir creciendo, por parte de sus dos padres, fue cortado. Y viven con los efectos de esa maldición todos los días de sus vidas.

Quizás esté pensando que *maldición* es una palabra muy fuerte para usar al describir el impacto que tiene el divorcio de los padres. No trate de decirle eso a Allison.

La historia de Allison

Desde niña, Allison veía a sus padres pelear constantemente. La mamá empezó a tomar licor, y Allison tuvo que asumir el papel de padre. Luego un día el papá sorprendió a la mamá en la cama con otro hombre y ese fue el fin del matrimonio.

Allison estaba partida en dos. Amaba a sus dos padres, pero cualquier lealtad que demostrara a uno de ellos en particular, el otro la veía como una traición. El papá demandó la custodia y la ganó, pero muy pronto se vio que la estaba usando para vengarse de la mamá.

Cuando Allison la pasaba con la mamá, el novio de ésta la veía como competencia en cuanto al tiempo y la atención se refiere. Así que la reprendía, la mantenía bajo mano de hierro y casi siempre trataba de hacerle la vida imposible.

A los quince años, Allison cayó en cuenta de que nunca tendría la guía y el cariño de los padres amorosos que necesitaba con tanta desesperación. Estaba sola.

Como es lógico, desarrolló una desconfianza crónica en cuanto a las relaciones. ¿Cómo podía creerle a cualquiera que dijera que la amaba (como lo hicieron sus padres)? ¿Cómo podría confiar que otros no la manipularían? Y ¿cómo se supone que no estuviese enojada? Ella se convenció de que si algún día se casaba, estaría predispuesta a repetir la historia de sus padres.[1]

LA VIDA BAJO MALDICIÓN

El caso de Allison ilustra cómo es la vida de un HADD bajo maldición. Ver a sus padres divorciarse le hace pensar a Allison si algún matrimonio podría sobrevivir. Saber que uno de sus padres fue infiel le hace dudar que las parejas maritales a la larga puedan ser leales. O quizás piense que en algún momento ella misma seguiría el ejemplo de su madre, aunque ahora, eso es lo último que quisiera hacer.

Además, si Allison se casa pero piensa que su cónyuge no comprende sus ansiedades ni puede ofrecerle el apoyo que necesita, eso también podría ser una causa de tensión constante en el hogar.

Estadísticamente, los estudios han demostrado que los hijos del divorcio sufren más de depresión, ansiedad, baja autoestima, sentimiento de rechazo, abuso de drogas y alcohol, delincuencia, relaciones personales malas y criminalidad, que los hijos que salen de hogares intactos.[2] El sesenta y cinco por ciento de los hijos de familias divorciadas nunca podrán tener una relación buena con el papá después del divorcio. El treinta por ciento será incapaz de tener una buena relación con la mamá después del divorcio.[3]

Como lo mencioné en la introducción, los HADD son también al menos cuatro veces más propensos a divorciarse que los hijos de familias intactas. (Y si ambos cónyuges salieron de hogares divorciados, las probabilidades aumentarán *189%*.)[4]

> *El efecto del divorcio sobre la felicidad que se tiene durante la niñez, quizá sea más pronunciado que los efectos de la muerte, y tal vez tenga consecuencias más profundas en la calidad de vida o la salud emocional.*

Estadísticas como estas hicieron que un experto sobre el impacto que tiene el divorcio escribiera lo siguiente: «El efecto del divorcio sobre la felicidad que se tiene durante la niñez, quizá sea más pronunciado que los efectos de la muerte, y tal vez tenga consecuencias más profundas en la calidad de vida o la salud emocional».[5]

Como otra evidencia del impacto dramático que tiene el divorcio de los padres, considere el caso de Frank y Betty. Ellos se conocieron en la universidad y estuvieron vinculados, tanto emocional como sexualmente. Luego Betty quedó embarazada. Vivieron juntos hasta que se graduaron, y se casaron poco después. Pero era un matrimonio infeliz, marcado por abuso emocional, peleas constantes y conflictos sin resolver. Después de ocho años, la relación terminó en divorcio.

Y nada de eso fue sorprendente.

¿Por qué? Porque veinte años antes, los padres de Frank se conocieron en la universidad, se involucraron románticamente y la madre quedó embarazada. Luego se casaron y peleaban en medio del abuso emocional sin resolver sus conflictos. Finalmente, después de diez años de conflicto, se divorciaron.[6]

Puedo seguir dando ejemplos, pero es muy evidente que los hijos, pequeños y adultos —de padres que se han divorciado— viven verdaderamente bajo una maldición. Y esta se extiende de generación a generación, hasta que alguien logre romperla y establecer nuevos patrones.

MI HISTORIA

Yo también debí ser parte de una de esas historias bajo la maldición del divorcio y de la sed dolorosa que ello crea. Mi mamá ya estaba divorciada antes de conocer a mi papá. Él dejó a mi mamá y se divorció de ella cuando sus tres hijos aún tenían menos de tres años de edad. Y luego se divorció dos veces más.

Por tanto, mi propio matrimonio, debió haber sido como un tren listo para descarrilarse. Si digo que fui un desastre durante mi niñez, estaría describiéndome muy a la ligera. Cuando era pequeño y luego adolescente, ansiaba la presencia de mi padre en mi vida. Estaba dolorosamente consciente, especialmente durante los años de la secundaria, de que otros muchachos tenían padres que jugaban pelota con ellos, los ayudaban con sus tareas, iban a sus juegos de pelota para animarlos y luego los llevaban a comer hamburguesas después del juego. Pensaba: *¿Soy tan malo así que mi papá no pudo aguantar estar aquí y hacer esas cosas conmigo (y con mis hermanos)?*

Como cualquier hijo del divorcio, crecí haciéndome toda clase de preguntas. Crecí con un modelo de matrimonio que decía que no era permanente. Crecí con enojo y frustración y, como resultado, me metí en problemas. Terminaba mis noviazgos cuando las muchachas empezaban a tomar nuestra relación muy en serio, porque no quería sufrir otra vez.

No obstante, por la gracia de Dios y con la ayuda de varias personas, pude vencer todos los obstáculos. Yo he podido romper la maldición y evitar así ser descarrilado. Tengo un matrimonio fuerte y me he concentrado mucho en ser un padre amoroso para mis dos hijas. No soy perfecto de ninguna manera, pero he descubierto que hay una manera de «invertir la maldición» y encaminarnos hacia el compromiso y el cariño que usted y yo realmente anhelamos.

Este libro está diseñado para ayudarle a romper el patrón o el ciclo del divorcio —así como también la maldición con la que usted creció—, y experimentar el éxito en su vida y en su matrimonio. Para empezar, veamos algunas de las manifestaciones comunes de vivir bajo maldición, en caso de que tenga dudas en cuanto a si aún está bajo ese hechizo.

Preguntas para reflexionar y para aplicarlas

1. ¿Cuánto se puede identificar usted, como un HADD, con la ilustración sobre la sed por el agua que da vida, agua que fue cortada por el divorcio de sus padres? ¿Por qué?

2. En sus propias palabras, ¿por qué los HADD son tan propensos a repetir los errores de sus padres y se divorcian también?

3. ¿Cuán importante es para usted que yo, aunque sea un HADD también, pueda escribir de la experiencia de haber forjado un matrimonio duradero? ¿Por qué?

Capítulo 2

MANIFESTACIONES DE LA MALDICIÓN, PRIMERA PARTE

Claro, lógicamente, no hay manera de responsabilizar a los hijos por el divorcio de sus padres… pero el corazón puede tercamente resistir aun lo que su propio cerebro le diga, y no hay nada en lo que eso sea más cierto que en los niños que —al fin y al cabo— crecen y se convierten en HADD.

He dicho e ilustrado que los hijos adultos del divorcio están bajo una «maldición», lo que significa que han crecido con los elementos que represan la vida, o sin ellos. ¿Significa esto, sin embargo, que los padres de ellos eran «malvados», o que crearon un déficit y una necesidad que moldearía sus vidas, adrede? Claro que no. Como verá más adelante en este libro, el amor constante y seguro de mi madre fue la clave que al final revirtió la maldición en mi vida. La gente buena puede divorciarse y lo hace.

Mi madre no quería que mis hermanos y yo llegásemos a un arroyo seco, pero sucedió, y les sucede a los HADD hoy. Veamos unas cuantas reflexiones acerca de la «maldición» con las que podemos crecer. ¿Cuáles son algunos de los efectos negativos o manifestaciones comunes de esta maldición? Aprender más sobre ellas puede ayudarle a entender mejor con cuánta profundidad ha sido afectado personalmente por el azote que le dio el divorcio a su familia.

Entender eso es de vital importancia. ¿Por qué? *Porque esas manifestaciones, si no se les ponen barreras, pueden ser justamente las que hagan que su propio matrimonio se descarrile y que continúe el ciclo del divorcio en su familia.*

Por experiencia propia y por medio de investigaciones, he identificado doce manifestaciones comunes de la maldición. Vamos a hablar brevemente acerca de cada una de ellas en estos próximos tres capítulos. Luego, en el capítulo 5, vamos a ver cómo podemos vencer esos problemas, *revertir la maldición*, y forjar un matrimonio fuerte y duradero.

El aislamiento

La gente que está en prisión es porque ha sido declarada culpable de haber hecho algo malo, algo ilegal. Se le manda a la prisión como castigo por sus delitos; la vida en la prisión, en verdad, es dura. Pero, ¿qué hacen los guardias para castigar a los presos que causan problemas, los que violan las reglas o se meten en peleas y que, por lo tanto, reciben el tratamiento *más estricto*?

Los ponen en régimen de incomunicación.

Los oficiales de la prisión saben que así como la tortura física, la «incomunicación» es una de las cosas más severas que se le puede hacer a una persona. Ah, tal vez al preso le guste al principio. Quizá se sienta más seguro, más tranquilo y feliz de estar lejos de los otros presos que le estaban irritando o que hasta lo estaban amenazando. Pero esa actitud cambia pronto.

Al poco tiempo el preso empieza a sentirse solo. Ya sea que se dé cuenta o no, fue creado para tener contacto humano. Y mientras más tiempo pase aislado, más va a desear tener ese contacto. Si se queda solo por semanas o meses porque los guardias y los otros detenidos lo consideran peligroso, tal vez empiece a sufrir serias consecuencias. Un psiquiatra que estudió a los presos en régimen de incomunicación, dijo que vio efectos desde: «la pérdida de la memoria, a sufrir de ansiedad severa, alucinaciones, hasta caer delirantes y, bajo los casos de privación sensorial, la gente se vuelve loca».[1]

Porque esas manifestaciones, si no se les ponen barreras, pueden ser justamente las que hagan que su propio matrimonio se descarrile y que continúe el ciclo del divorcio en su familia.

Todo esto para decir que el aislamiento, simple y llanamente, es un castigo para los seres humanos. No hay peor sentimiento que el estar completamente solo al enfrentar la vida y sus dificultades. Las Escrituras afirman esto cuando dicen que: «Mejores son dos que uno… Porque si cayeren, el uno levantará a su compañero; pero ¡ay del solo!, que cuando cayere, no habrá segundo que lo levante».[2]

Pero es lamentable que los HADD, muy a menudo, se pongan justamente en tal prisión por sí mismos. Se alejan de otros emocional, sicológica y físicamente, aun de sus cónyuges y de sus hijos.

¿Por qué? Porque fueron muy heridos por una o ambas de las personas más importantes de sus vidas cuando eran pequeños (mamá o papá), y temen serlo otra vez si permiten que otra persona se les acerque. O temen repetir los comportamientos hirientes que tuvieron sus padres y que ellos mismos lastimen a sus seres queridos. O quizá porque crecieron en hogares divorciados, en los cuales vieron ejemplos poderosos de cómo *no* se edifica una relación saludable; ellos no saben cómo conectarse con otros seres humanos en formas positivas (el aislamiento que escogí por años).

Por supuesto, es posible que el esposo y la esposa crezcan aislados el uno del otro en el matrimonio. En su tiempo libre, se ocupan con el trabajo, los pasatiempos y las actividades sociales. Al pasar de los años, tal vez se concentren en sus hijos, teniendo así menos y menos tiempo para el otro. Y hoy en día, uno o ambos pasan el tiempo en el Internet, lejos de la familia. Pero usualmente no planean crecer aislados.

Sin embargo, en cuanto a los HADD, aunque su aislamiento no esté conscientemente planeado, *es* intencional, por una o todas las razones descritas.

Para poder reconocer mejor si usted tiene o no la tendencia a aislarse de sus amigos y seres queridos, conteste las preguntas en el siguiente autoexamen.

Autoexamen de aislamiento

- Cada vez que tiene un conflicto con alguien cercano a usted, ¿siente el primer impulso de «salir corriendo a esconderse»?
- ¿Siente que es emocionalmente peligroso expresar sus sentimientos, temores y esperanzas a su cónyuge?
- ¿Cree que aunque no lo diga en voz alta, sus amigos y su cónyuge le abandonarán tarde o temprano?

Si respondió sí a alguna de esas preguntas, probablemente tenga la tendencia a aislarse. Si su respuesta sincera a cualquiera de dos o todas las preguntas es sí, es muy seguro que sea propensa al aislamiento.

Secretos familiares
que no son saludables

Otro problema muy parecido que tienen los niños del divorcio comúnmente, es la tendencia a ser reservados en cuanto a ciertos detalles de la vida familiar. Muchas veces, los niños que crecieron en hogares divididos aprenden que esconder información vergonzosa sobre la familia es mejor, para así poder guardar las apariencias. En este caso, el hecho es que: Las apariencias engañan.

Seguramente sepa de algunos ejemplos de «secretos» que realmente todo el mundo sabe, pero se guardan con un guiño de ojo y una señal con la cabeza. Al Capone, por ejemplo, el famoso gángster de Chicago de los años 1920, llevaba una tarjeta de presentación que lo identificaba como vendedor de muebles usados, aun cuando toda la gente de la ciudad sabía cuál era su verdadera profesión.

Luego hay otros secretos que son ocultados muy cuidadosamente pero que necesitan ser revelados. Por ejemplo, hubo el caso de un líder de jóvenes de la iglesia que era querido y respetado por todos en su parroquia, pero resultó ser un abusador sexual de menores. Lamentablemente, ese secreto terrible no salió a la luz hasta después que muchos niños fueron heridos.

Las familias saben bien cómo guardar secretos que no son saludables. En una de ellas, la esposa y madre mantuvo una relación ilícita con un vecino. Decir que ella y su esposo tenían un matrimonio extraño es quedarse corto, pero el hecho es que dentro de su familia, todos sabían acerca de la relación (aunque no se hablaba de ello), incluyendo sus cuatro hijos. (Al final, ella y su esposo se divorciaron.)

Los HADD son sumamente propensos a guardar secretos familiares que no son saludables. Y la infidelidad matrimonial es justamente uno de los secretos oscuros que quizá guarden, secretos que seguramente contribuyeron a la separación de sus padres. Otros secretos muy comunes incluyen: El hecho de que sus padres peleaban todo el tiempo. El hecho de que uno de ellos era o es alcohólico o adicto a las drogas. El hecho de que uno de ellos era o es un abusador sexual. El hecho de que uno de ellos maltrataba al otro. El hecho de que la familia tenía muchos problemas económicos o eran pobres.

¿Por qué será que los HADD tienden a guardar secretos tan terribles como esos? Una respuesta muy obvia sería por vergüenza.

Si uno de los padres hizo algo que trajo como consecuencia el divorcio, como haber tenido una aventura amorosa, es natural que todos los miembros de la familia se sientan un poco avergonzados. Se entiende que no van a decirle a todo el resto del mundo lo que pasó. Es la misma situación cuando un ser querido hizo algo que trajo desgracia a la familia.

La costumbre de guardar secretos que no son saludables se aprende generalmente de uno o ambos padres.

Una segunda razón es que, como la mayoría de las costumbres, la de guardar secretos que no son saludables se aprende generalmente de uno o ambos padres. Quizás ellos trataron de guardar en secreto todos los problemas que tuvieron, incluyendo los que causaron el divorcio. Así que los hijos aprendieron que esa era la forma de lidiar con los problemas, y la costumbre siguió con ellos hasta convertirse en adultos.

Finalmente, los HADD guardan secretos que no son saludables porque ellos mismos tienen cosas que esconder. Han desarrollado algunos de los defectos que sus padres tenían, o tal vez tengan problemas propios que piensan que necesitan ocultar. Así que, en un intento por proteger su propia reputación, tratan de mantener la verdad completamente enterrada. Para saber mejor si es probable que usted tenga la tendencia a guardar secretos familiares que no son saludables, responda a las siguientes preguntas:

Autoexamen sobre secretos familiares que no son saludables

- ¿Todavía lleva consigo secretos que no ha podido revelar a nadie acerca del origen de su familia?
- ¿Tiene algunos secretos oscuros propios que no le haya dicho a nadie?
- ¿Hay alguien en su vida, un cónyuge o un amigo, al cual pueda hablarle con confianza?

Si ha contestado sí a cualquiera de las dos primeras preguntas, definitivamente está guardando secretos familiares que no son saludables. Y si su respuesta a la última pregunta es *no*, le va a ser difícil triunfar sobre este hábito autodestructivo.

FALSO SENTIMIENTO DE CULPABILIDAD

Otra manifestación común de la maldición del divorcio de una familia es el falso sentimiento de culpabilidad. Son muchos los hijos que, cuando los padres se separan, creen que ellos (los hijos) de algún modo son los responsables. Y muy a menudo, llevan consigo ese falso sentimiento de culpabilidad hasta llegar a la edad adulta.

Joe, mi hermano mayor, tenía menos de tres años cuando nuestros padres se divorciaron. Él no tuvo ninguna parte en la decisión que tomó nuestro papá de irse y dejar a la familia, pero se convenció rápidamente, aunque tenía cinco o seis años de edad, de que él de alguna manera tenía la culpa. Todas las palabras que mamá usó para convencerlo de que no era culpable, no pudieron hacer que cambiara de opinión. (Y cuando mi abuela lo llamaba «el pequeño Joe», porque se llamaba como papá y se veía como él, no ayudaba en lo absoluto).

Recientemente noté otro buen ejemplo de esta manifestación en la televisión (en realidad fue mientras estaba escribiendo esto). Parte de la historia de un programa detectivesco popular de la red USA, llamado *Monk*, fue que cuando Adrian Monk y su hermano Ambrose aún eran niños, su padre abandonó a ellos y a su madre. En este episodio en particular que yo estaba mirando, *los dos* hermanos finalmente llegaron a admitir que por más de treinta años, cada uno se sentía responsable porque se fue su papá.

Ahora bien, este programa es ficticio, pero basado en experiencia propia y en las conversaciones que he tenido con cientos de los HADD a través de los años, sé que el guión de esa historia era verdadero. Por más de treinta años, *cada uno* de ellos pudo muy fácilmente llevar esa carga falsa de culpabilidad.

Por supuesto, lógicamente los niños no son responsables cuando se trata del divorcio de sus padres. La decisión de terminar con el matrimonio es hecha por los adultos, y sólo ellos son los que tienen que dar cuentas por eso. Pero el corazón puede resistir tercamente, aun lo que le diga el cerebro, y esto es muy cierto en los niños que al fin se convierten en HADD.

¿Por qué los HADD son propensos a tener falsos sentimientos de culpabilidad, empezando con la tendencia a sentirse responsables del divorcio de sus padres? La primera razón es el sentimiento profundo de que cuando pasa algo tan terrible como la destrucción para siempre de su familia, a *alguien* se le tiene que echar la culpa. Peor los niños, que aman a mamá *y* a papá, y que tratan desesperadamente de aferrarse a ambos; no quieren culpar a sus padres. Ellos *necesitan* verlos como los que todavía los aman y los cuidan, queriendo aún sacrificarse por ellos.

Así que alguien más tiene que acarrear con la culpa y ser declarado culpable; más a menudo que nunca, los niños son los que se asignan ese rol a sí mismos.

Como es lógico, la gente que considera haber sido culpable de algo tan horrible como hacer que sus padres se separen, tienden a sentirse muy mal.

La segunda razón es que en la lógica confusa que tienen los niños, si ellos son los responsables de la separación de sus padres, si su mal comportamiento o la incapacidad, de algún modo, de complacer al padre que se fue es lo que causó el divorcio, entonces hay esperanza de poder encontrar la forma de «arreglar las cosas» y hacer que mamá y papá se junten nuevamente.

Si sólo pudiera ser un niño lo suficientemente bueno para que así mamá no tenga que enojarse conmigo todo el tiempo...

Si pudiese conseguir notas lo suficientemente buenas en la escuela para convencer a papá de que no soy tonta...

Si sólo pudiese cuidar la casa lo suficientemente bien para que mamá se dé cuenta de la buena ayuda que yo pudiera serle si regresara a casa...

Si pudiera anotar carreras y ganar todos mis juegos de béisbol, y hacer que mi papá se sintiese orgulloso de mí...

Esta es la clase de pensamientos que muy a menudo domina las mentes de los hijos del divorcio. Y esta forma de pensar que es forjada en el egocentrismo natural de la niñez, usualmente continúa tan fuerte como el acero, hasta llegar a la edad adulta. También se puede hacer una generalización, como sentirse culpable por casi todo lo que sale mal.

Como es lógico, la gente que considera haber sido culpable de algo tan horrible como hacer que sus padres se separaran, tiende a sentirse muy mal. *Yo debo ser una persona muy mala para poder destruir el matrimonio de mis padres*, se imaginan ellos. Y sintiéndose de esa manera, les es fácil considerar que no son dignos de ser amados y que no merecen ser felices.

El resultado: El falso sentimiento de culpabilidad tiende a llevar a los HADD a aislarse de oír a los demás. En contraste, la culpa genuina que sucede cuando uno real e intencionalmente ha hecho algo malo, conduce a una persona al arrepentimiento y a una vida que cambia para bien.

Para saber si usted tiene o no la tendencia a luchar contra falsos sentimientos de culpabilidad, responda las siguientes preguntas:

Autoexamen acerca de los falsos sentimientos de culpabilidad

- Cuando algo sale mal, ¿Es su primer impulso culparse?
- Aun cuando el análisis objetivo de una situación negativa indica que usted no tiene la culpa, ¿tiende a pensar que *debe* ser culpable de alguna manera?
- Muy adentro, ¿siente que fue responsable de la separación de sus padres?

Si contestó *sí* a cualquiera de esas preguntas, probablemente tenga la tendencia a tener falsos sentimientos de culpabilidad. Si su respuesta sincera a dos o a las tres preguntas fue *sí*, es casi seguro que es propenso a tener falsos sentimientos de culpabilidad. Y si respondió *sí* a la última pregunta en particular, *absolutamente* está experimentando falsos sentimientos de culpabilidad.

PROCRASTINACIÓN POR TEMOR

Aun otra manifestación común de la maldición que cae sobre los HADD es la procrastinación por temor. Mucha gente, desde luego, deja las cosas para más tarde y el temor, especialmente al fracaso, es a menudo el motivo principal. Pero los HADD son aun más propensos de lo normal, a procrastinar.

Chad es un joven afortunado. Él encontró a Jenny, la mujer de sus sueños. Pero aunque la quiere mucho y le gusta imaginarse pasar su vida con ella y empezar una familia, no se atreve a pedirle que se case con él. Le aterroriza «dar el paso» y hacer ese enorme compromiso. Chad, no por coincidencia, es un hijo adulto del divorcio.

Missy está en el segundo año de la universidad, y le llegó la hora de decidir en qué se quiere especializar y de hacer un compromiso con el estudio de una carrera en particular. Pero por temor se ha quedado paralizada y no puede tomar una decisión. *¿Qué tal si tomo la decisión incorrecta y quedo detestando mi especialización?*, piensa ella. *Desperdiciaría un año o más de mi vida, y miles de dólares.* Missy también es una hija adulta joven del divorcio.

> *Cuando sabe por experiencia propia cuánto*
> *duele el fracaso, es natural que esté renuente*
> *a exponerse a la posibilidad de ser herida*
> *nuevamente, y muchísimo más que una persona*
> *que nunca ha experimentado un fracaso tan*
> *grande.*

¿Por qué la procrastinación es especialmente evidente entre los HADD? ¡Déjeme darle las razones! En un caso en particular, tal vez sea cualquiera de las siguientes razones, o quizá sea una combinación de algunas o todas.

Primero, la relación más importante en la vida de un HADD, el matrimonio de sus padres, finalizó en un fracaso amargo y doloroso. Así que el HADD puede que tema empezar algo para que esto también termine siendo un fracaso doloroso. Cuando sabe por experiencia propia cuánto duele el fracaso, es natural que esté renuente a exponerse a la posibilidad de ser herida nuevamente, y mucho más que una persona que nunca ha experimentado un fracaso tan grande.

Y hablando de esto, la sola idea de comprometerse sin reservas con algo, probablemente induzca al temor. Darse por completo a alguien o a algo, puede ser una posibilidad mortificadora para el HADD, pero también es la clave para disfrutar de la relación en el matrimonio a cabalidad o casi cualquier experiencia. Por tanto, el HADD puede encontrarse en un dilema agonizante.

El temor al fracaso del HADD puede estar también arraigado en la preocupación por él o por sus padres. Después de todo, ellos han sufrido bastante por la pérdida de su matrimonio. El HADD puede pensar: *Si trato esto (el matrimonio, una profesión, etcétera) y fracaso, entonces será otra desilusión amarga para mamá y papá. ¡No quiero ser la causa de más dolor para ellos!*

Por último, si un joven HADD como Chad y Missy, está luchando con varios problemas, dudas e inseguridades a causa del divorcio de sus padres, a él o ella simplemente le es difícil concentrarse en lo que está haciendo y progresar continuamente. Los efectos prolongados del divorcio pueden ser como una fiebre baja persistente que le quita la fuerza y la voluntad de trabajar a una persona que tiene una leve infección.

Note que esta tendencia a procrastinar, como todas las manifestaciones de la maldición, realmente y muy a menudo se toma de un extremo al otro. Un HADD que tiene la costumbre de procrastinar, tal vez sea uno de los peores morosos que exista. Tomar decisiones y terminar proyectos son luchas diarias y enormes para alguien así.

En el otro extremo, el HADD puede convertirse en casi un fanático resistiendo los patrones dañinos de sus padres. Un ejemplo excelente es el del hijo de un alcohólico que promete nunca tomar ni una gota, que ni siquiera toma medicina para la tos si esta contiene una pequeña cantidad de alcohol, y que (típicamente) condena a otros por consumir alcohol aunque sea moderadamente.

En el área de la procrastinación, algunos HADD pensarán: *Mi mamá siempre temía buscar ayuda para que mi papá dejara de pegarle. Si necesito ayuda, nunca voy a titubear. O, yo he visto cómo el miedo hace que a mi hermano mayor le sea difícil tomar decisiones, y yo puedo entender por qué, pero yo no voy a permitir que el fracaso del matrimonio de nuestros padres me impida hacer lo que tengo que hacer. No señor.*

Para asegurarse de que tiende a la procrastinación por temor, conteste las siguientes preguntas:

Autoexamen de la procrastinación por temor

- Cuando está a punto de tomar una decisión muy importante, ¿tiende usted a hacerlo de una manera prudente pero oportuna, o lo pospone cuanto le sea posible, hasta más allá del plazo determinado?
- Cuando le dan un proyecto en el trabajo o en algún otro lugar, ¿lo primero que le pasa por la mente son ideas sobre la posibilidad de fracasar o de tener éxito?
- Cuando piensa en la posibilidad de hacer compromisos personales importantes, ¿el sentimiento que predomina es el de alegría o el de terror?

Si tiende a dejar para mañana las decisiones que tiene que tomar hoy, a imaginarse automáticamente que fracasa en cualquier proyecto nuevo, o le aterra hacer compromisos personales (como el matrimonio), definitivamente tiene un problema de procrastinación por temor.

VIVIR CON LA MALDICIÓN

Hasta ahora hemos hablado sobre cuatro manifestaciones de la maldición al crecer en un hogar de divorciados. En los dos próximos capítulos, hablaremos de ocho más. ¡Pero no pierda la esperanza! Usted *sí puede* invertir la maldición y romper el ciclo del divorcio, como veremos pronto en el quinto capítulo.

Preguntas para reflexionar y para aplicarlas

1. ¿Cuál de las manifestaciones de la maldición descritas en este capítulo cree que es potencialmente más dañina? ¿Por qué?

2. ¿Con cuál de estas manifestaciones se identifica más? ¿Por qué?

3. ¿Qué impacto tiene esa manifestación sobre su vida como individuo? Si está casado, ¿en su matrimonio?

Capítulo 3

MANIFESTACIONES DE LA MALDICIÓN, SEGUNDA PARTE

Cuando un matrimonio termina en divorcio, significa que se tomaron algunas malas decisiones en el camino, y los niños siempre aprenden y usualmente imitan lo que han visto hacer a los padres.

Como mencioné al principio del capítulo anterior, una o varias manifestaciones comunes de la maldición de haber crecido en un hogar de divorcio puede destruir su propio matrimonio si no tiene cuidado. Pero tal vez no se identificó con ninguna de las cuatro que describí en ese capítulo. No piense que está libre aún, aquí están cuatro rasgos típicos más de los HADD:

MALAS DECISIONES

Cualquier persona puede tomar malas decisiones. Lamentablemente, la gente de hogares divorciados puede ser emocionalmente empujada a tomar muy malas decisiones. Lo sé. Por cierto, he tomado las mías.

Desde el final de la escuela primaria hasta la secundaria, mi hermano gemelo Jeff y yo decidimos juntarnos con un grupo de muchachos malos. Nos estábamos metiendo en problemas constantemente, y parecía que una broma llevaba a otra y otra. La magnitud de nuestras acciones también aumentó.

Tarde en la noche, el verano anterior antes de que Jeff y yo entráramos a la secundaria, nuestra «pandilla» decidió meterse en una casa oscura. Pensamos que estaba vacía y aún bajo construcción. Pero resultó que la casa estaba terminada y alguien vivía allí, sólo era que los dueños no estaban en casa en ese tiempo.

Bueno, para hacer el cuento corto, algunas personas se dieron cuenta de lo que estábamos haciendo así que llamaron a la policía. Nos agarraron a todos *in fraganti*. Afortunadamente, como éramos juveniles, nos dejaron ir a todos con una amonestación severa y nos llevaron a casa en el auto patrulla. Pero eso no fue lo peor, nunca olvidaré la mirada de susto y decepción que tenía mamá en la cara cuando Jeff y yo salimos del auto patrulla a las dos de la madrugada.

Si nuestro hermano mayor, Joe, junto con unas cuantas otras personas clave no hubiesen intervenido y nos hubiesen sacado de ese grupo de amigos (una historia que le contaré en otra parte del libro), sabe Dios qué nos hubiese pasado. Dos de esos muchachos, que nunca se salieron de nuestra «pandilla», fueron a parar a la cárcel a causa de las drogas. De hecho, otro murió por una sobredosis. Como dicen las Escrituras: «Las malas compañías corrompen las buenas costumbres».[1]

Una de las malas decisiones que toman los HADD hoy en día, es vivir con alguien sin casarse. Hay cierta lógica detrás de esta decisión; después de todo, si el divorcio de tus padres te hace dudar de tu propia habilidad de establecer un matrimonio duradero, ¿por qué no hacer la «prueba» con un compañero que esté dispuesto?

> *Los HADD se están rebelando contra el dolor y el sentimiento de traición que tienen. Todavía les duele que sus padres se hayan separado y reaccionan de una forma destructiva, a veces autodestructiva, con sus decisiones y comportamientos.*

No obstante, aun lejos de los problemas morales que abarca la cohabitación, es una mala idea en cuanto a la relación se refiere y en cualquier otra manera. Estudios han demostrado que esas parejas son notablemente menos felices y menos saludables que las casadas. Si las parejas que cohabitan se llegan a casar, la probabilidad de que se divorcien será cuarenta y seis por ciento mayor que la de la pareja que se casa sin haber vivido juntos antes.[2]

Así que, ¿por qué los HADD son propensos a tomar malas decisiones? Como sucede con todas las manifestaciones de la maldición, la primera y más importante razón es que este es el ejemplo que le han dado sus padres. Cada vez que un matrimonio termina en divorcio, es muy seguro que hasta la gente muy buena haya tomado malas decisiones muy serias en el trayecto, y los hijos aprenden y usualmente imitan lo que han visto hacer a los padres.

Una segunda razón es que los HADD se están rebelando contra el dolor y el sentimiento de traición que tienen. Todavía les duele que sus padres se hayan separado y reaccionan de una forma destructiva, a veces autodestructiva, con sus decisiones y comportamientos (o como yo, toman la ira que sienten en cuanto a la situación y buscan la manera «legal» de pegar y lastimar, desde el boxeo hasta el juego «demoledor» de fútbol americano).

Una tercera razón puede ser que estén hambrientos de ser aceptados y de sentir que pertenecen. A menudo, al sentirse rechazado por uno de los padres (usualmente el que no tiene la custodia), o aun por ambos, están dispuestos a hacer cualquier cosa que se les pida, si esa persona parece que les está ofreciendo amor. Si esa persona es mala, el resultado puede ser una cadena de malas decisiones.

Para ayudarle a discernir si tiene el problema de tomar malas decisiones, responda a las siguientes preguntas:

Autoexamen en cuanto a las malas decisiones

- Recuerde tan objetivamente como pueda, ¿ve usted un patrón de haber tomado muy malas decisiones en su vida?
- ¿Hay personas que han sufrido a causa de las malas decisiones que tomó?

- Basado en las decisiones que tomó en el pasado, ¿confía que puede tomar buenas decisiones en el futuro?

Si su respuesta sincera a cualquiera de las dos primeras preguntas es *sí*, y especialmente si respondió a ambas afirmativamente, de seguro tiene problemas tomando malas decisiones. Si también respondió *no* a la tercera pregunta, de cierto tiene el problema de tomar malas decisiones.

Comienzos falsos

En un episodio reciente del programa de televisión *Inside the Actors Studio* [Dentro del estudio de los actores], en el cual el anfitrión James Lipton, entrevista a actores, actrices y directores exitosos, empezó a hacerle unas preguntas nuevas a un famoso actor diciendo algo como esto: «Y ahora llegamos a un tema recurrente en este programa: El divorcio de los padres de nuestro invitado». Y, de hecho, parece ser que casi cada semana hay noticias de otro fracaso del matrimonio de una celebridad.

Algunas de esas estrellas son conocidas tanto por las relaciones consecutivas que han tenido, como por su trabajo en el escenario o en la televisión. Nombres como: Madonna, Rosanne, Nicholas Cage, Angelina Jolie, Britney Spears y Tom Cruise, salen en los periódicos regularmente. Todos han tenido múltiples matrimonios y otros emparejamientos. Y todos son HADD.

Pero las relaciones son solo un área en la que los HADD son propensos a tener comienzos falsos. Además lo podrá ver en sus intentos por romper malos hábitos o por establecer algunos buenos. La tendencia se ve también en los múltiples proyectos en casa y en el trabajo que empiezan, pero de alguna manera nunca terminan.

Todas esas nuevas relaciones, proyectos e intentos de mejorarse, empiezan siempre con buenas intenciones y grandes esperanzas. Hay un deseo genuino de tener éxito «esta vez». Sin embargo, vez tras vez, esas esperanzas quedan destrozadas. Una de las Escrituras dice que: «La esperanza frustrada aflige al corazón»[3] y esta es una descripción concisa y da justo en el clavo en cuanto a lo que un HADD siente cada vez que el comienzo falso termina mal.

En el área de las relaciones, los HADD tal vez tengan un comienzo falso porque, tal es la desesperación de encontrar amor, aceptación y seguridad, que se agarran de la primera persona que parece ofrecerles eso.

¿Por qué los HADD son tan propensos a tener comienzos falsos? Para empezar, como lo he dicho antes, han sido muy heridos y tienen mucho miedo de serlo nuevamente. Pero si dejan una relación antes de que la otra persona lo haga, ellos piensan (a menudo subconscientemente), que no quedarán tan heridos. Si dejan un proyecto o un esfuerzo para mejorarse sin terminar, pueden evitar el dolor del fracaso.

Claro, también está el hecho de que los HADD que tienen comienzos falsos, usualmente están imitando a sus padres. Nuevamente, es un rasgo que se aprende.

En el área de las relaciones, los HADD tal vez tengan un comienzo falso porque, tal es la desesperación de encontrar amor, aceptación y seguridad, que se agarran de la primera persona que parece ofrecerles eso. Al caer en cuenta de la realidad, el amor y la aceptación quizá sean condicionales y temporales, y la seguridad sea solamente una ilusión.

Para tener una mejor idea de su propia tendencia a tener comienzos falsos, responda a las siguientes preguntas:

Autoexamen acerca de los comienzos falsos:

- En la escala del uno (muy malo) al cinco (excelente), ¿cómo se clasifica en cuanto a cumplir con los planes y los compromisos que ha hecho?
- ¿Tiene confianza en su habilidad de poder cumplir con estos en el futuro?
- Basado en su propia experiencia, ¿la posibilidad de empezar una nueva relación cercana le llena de expectativas para un futuro brillante, o piensa que al fin y al cabo será otro sufrimiento?

Si su respuesta sincera a la primera pregunta es un uno, un dos o hasta un tres, y si su respuesta a la segunda pregunta es algo como: «no mucha», es seguro que tiene problemas en cuanto a los falsos comienzos. Si su respuesta a la última pregunta es que anticipa sufrimiento, definitivamente tiene el hábito de los comienzos falsos.

COMPROMISOS ROTOS

Un primo cercano de los comienzos falsos es el compromiso roto. Un comienzo falso usualmente *termina* en un compromiso roto. Un ejemplo de esto es la triste y reciente tendencia de que más y más matrimonios están fracasando antes de que cumplan los primeros cinco años. Pamela Paul, una escritora, les dio el apodo de «matrimonios de entrada», porque ella misma se divorció después de estar casada por menos de un año (y trata de decir que eso es bueno).

En el libro que la señora Paul escribió acerca de este tema, ¿qué supone usted que ella puso de primero en la lista de los riesgos que conlleva tener un «matrimonio de entrada»? Así es: venir de un hogar donde sus padres se divorciaron. Confirmando lo que ya he dicho varias veces en este libro, la señora Paul señala que los padres que se divorciaron no les dieron modelos de conducta a sus niños de cómo establecer y mantener un matrimonio saludable. En vez de eso, les dieron un modelo de cómo romper el compromiso más importante de la vida.

Otra razón por la cual los HADD son especialmente propensos a romper los compromisos, es que realmente no les gustan. En su experiencia, los compromisos conducen inevitablemente a la desilusión y al dolor. Por eso hay una tendencia a hacer compromisos sólo cuando se sienten presionados y no existe otra opción.

Cuando *llegan* a hacer esos compromisos, los HADD esperan que la otra parte vaya a romper con ellos tarde o temprano. Así que, otra vez, al romper ellos estos compromisos antes, evitan (o por lo menos aminoran) el dolor.

¿Es probable que usted rompa compromisos? Para tener una idea al respecto, responda a lo siguiente:

Autoexamen acerca de los compromisos quebrantados

- ¿Tuvo usted, en el pasado, un patrón de no cumplir con los compromisos?
- ¿Le han dicho otros que no confían en sus promesas?

Si no cumple un compromiso por cualquier razón, ¿tiende a mantenerse en silencio y a esperar que la gente no lo note, quizá también evita intencionalmente encontrarse con la persona con la cual se comprometió?

Si respondió que *sí* a siquiera una de esas preguntas, seguramente tiene el problema de romper compromisos. Si tiene que contestar *sí* a dos preguntas o a las tres, a usted definitivamente le está costando cumplir con sus compromisos.

Culpa a otros

¿Alguna vez ha conocido a alguien que, no importa lo que haga mal, siempre está listo para señalar con el dedo que indica culpabilidad a otra persona? Él nunca es culpable. Puede que lo agarren *in fraganti* haciendo algo que no debía y todavía decir que le malentienden y lo persiguen.

Yo conozco a un hombre que era así en el trabajo. Si alguien decía que él perdía mucho tiempo haciendo llamadas personales, entonces decía que el acusador era insensible y estaba exagerando para tratar de herirlo. Si el hombre no cumplía con el plazo de entrega, era porque el proyecto era más complicado de lo que se esperaba, o el plazo de entrega no era razonable.

Cuando el hombre no le dijo al supervisor que necesitaba ayuda para poder terminar su trabajo, el problema resultó ser que el supervisor «No estaba disponible».

Y cuando este hombre no pudo encontrar una pareja por ningún lado, fue porque ninguna de las mujeres que conoció era lo suficientemente buena para su gusto. *Ellas* fueron las culpables de que las cosas no funcionaran.

Los HADD se sienten genuinamente impotentes.
Después de todo, no pudieron mantener juntas a
las dos personas más importantes de sus vidas.

Algunos HADD tienen esta misma tendencia de echarles la culpa a otros cuando las cosas no salen bien. Cuando el problema es en el trabajo, el jefe o los compañeros de trabajo, o los abastecedores son los que tienen la culpa. Cuando hay dificultades en el matrimonio, el cónyuge o los suegros son siempre los culpables. Si hay discrepancias con los hijos, es porque son irrespetuosos y desobedientes.

¿Por qué esa propensión de echarles la culpa a otros? Para empezar, los HADD que están enfrentando esta parte de la «maldición», pueden sentirse genuinamente impotentes. Después de todo, no pudieron mantener juntas a las dos personas más importantes de sus vidas. No pudieron controlar qué les sucedió después que sus padres se divorciaron, dónde vivieron y a qué escuela fueron. Así que crecieron sintiendo que no tenían autoridad alguna sobre las cosas vitales de la vida.

Otra cosa es que los demás (mamá o papá) fueron los que le causaron inmenso dolor. Entonces es fácil y normal suponer que otros también son los culpables cuando experimentan dolor más tarde.

Lo que es más, por el dolor que han experimentado los HADD por años, es comprensible que estén inclinados a tratar de evitar más dolor. Y admitir ser culpable es doloroso. El orgullo queda lastimado. También abre la puerta a más dolor en forma de reprimenda, de causar daño a una relación, o la pérdida de la estima que le tenía a una persona que amaba.

¿Es usted culpable de echarles la culpa a otros por sus errores? Para saber si este es un problema que usted tiene, responda a lo siguiente:

Autoexamen en cuanto a echarles la culpa a otros

- Recuerde tan objetivamente como pueda, ¿ve un patrón de que siempre señalaba hacia otra persona cuando las cosas salían mal?
- ¿Le han dicho otras personas que usted pareciera pensar que nunca hace nada mal?
- ¿Cuándo fue la última vez que aceptó haber tenido la culpa, sin argumento, por algo que no se hizo bien o que estaba tarde?

Si su respuesta sincera a la primera o a la segunda pregunta es *sí*, o si su respuesta a la última pregunta es: «Hace mucho tiempo», o «Nunca», probablemente tenga la tendencia a echarles la culpa a los demás. Si esta es la misma respuesta que les da a dos de las preguntas o a todas, no hay duda alguna de que echarles la culpa a otros es un problema suyo.

Vivir con la maldición II

En este capítulo y en el anterior, hemos hablado de ocho manifestaciones comunes de la maldición de crecer en un hogar del divorcio.

Espero que esto haya agotado la lista de los problemas comunes que yo he visto y he experimentado. Tristemente, este no es el caso. En el próximo capítulo, vamos a ver las últimas cuatro de estas características que son comunes a los HADD, antes de hablar de ayuda y esperanza.

Acuérdese que ya vienen las buenas noticias. Empezando en el capítulo 5, vamos a explorar cómo invertir la maldición y romper el ciclo del divorcio en su familia.

Preguntas para reflexionar y para aplicarlas

1. ¿Cuál de las manifestaciones de la maldición descritas en este capítulo cree usted que es potencialmente la más dañina? ¿Por qué?
2. ¿Con cuál de estas manifestaciones puede identificarse más? ¿Por qué?
3. ¿Qué impacto tiene esa manifestación en su vida como individuo? Si está casado, ¿en su matrimonio?

Capítulo 4

MANIFESTACIONES DE LA MALDICIÓN, TERCERA PARTE

Una cosa es dejar que las palabras de otro entren por un oído y salgan por el otro. Pero tomar verdaderamente el punto de vista de esa persona, sus deseos y sus expectativas, y luchar en contra, es muy difícil para alguien que ya es inseguro.

emos visto ya ocho manifestaciones comunes de la maldición de crecer en un hogar del divorcio. Estos son los hábitos que pueden debilitar la base de su propio matrimonio si no hace algo para vencerlos. Y aún no hemos terminado. En más de veinticinco años de trabajar con parejas y solteros, y en mi propia vida, he visto cuatro características más que son típicas de los HADD, las cuales tenemos que explorar, empezando con una que puede ser de las más dañinas:

Enojo consumidor

No es muy difícil observar que hoy en día hay mucha gente enojada en el mundo. El enojo parece estar por todo nuestro alrededor: Desde la agresión por parte de los conductores cuando están manejando por las carreteras, los adolescentes disparándole a la gente en sus escuelas y cónyuges con caras enrojecidas gritándose uno al otro a media noche. Algunas de esas personas simplemente están fuera de control, pero muchas de ellas tienen una buena razón para estar enojados. Y entre ellas están los hijos adultos del divorcio.

Los padres de Jerry se divorciaron cuando él todavía estaba en la escuela primaria. Él los había visto y oído discutir toda su vida, a menudo en voz alta. La paz nunca duraba por mucho tiempo en su hogar. Aun así, cuando sus padres se separaron, fue algo muy difícil para Jerry.

No obstante, la desintegración del hogar fue sólo el principio de las luchas que tuvo Jerry. Poco después, su papá desapareció de su vida totalmente. Jerry se sintió traicionado y abandonado. ¿Cómo pudo su papá darle la espalda por completo?

Muy pronto, Jerry se empezó a portar mal en la escuela. En su hogar, si acaso se comunicaba, lo hacía con resentimiento. Al pasar el tiempo, aún sin tener contacto con su papá, Jerry se convirtió en un joven muy enojado.

Los hijos que pasan por el divorcio de sus padres, a cualquier edad, también tienden a enojarse y mantenerse enojados con esos padres, especialmente con el que pareció ser quien buscó divorciarse.

Al igual que las otras manifestaciones de la maldición, una razón por la cual los HADD tienden a enojarse, es porque cuando estaban creciendo, lo vieron demostrado frecuentemente por sus padres. Los matrimonios que terminan en divorcio, a menudo son escandalosos y se muestran furiosos mucho antes que la separación ocurra. Y los hijos que observan tal comportamiento aprenden que esa es la manera de resolver conflictos.

Los hijos que pasan por el divorcio de sus padres, a cualquier edad, también tienden a enojarse y mantenerse enojados con esos padres, especialmente con el que pareció ser quien buscó divorciarse. Ese padre o esa madre, más que nadie (a menos que el HADD se esté culpando a sí mismo o a sí misma), es responsable de haber destruido el sentimiento de seguridad y normalidad. Muchos HADD nunca se han recuperado de ese sentimiento de traición.

Claro está que, el padre o la madre que se fue de la casa, quien ya no tuvo presencia alguna en la vida del hijo o de la hija, y que tal vez se desapareció por completo (como el papá de Jerry), a menudo se convierte también en el objeto de enojo. Y en muchos casos, el HADD jamás ha perdonado a ese padre o a esa madre, nunca ha podido superar ese enojo intenso. ¿Qué tan malo es eso? La Palabra de Dios nos dice: «Pero el que odia a su hermano está en la oscuridad y en ella vive, y no sabe a dónde va porque la oscuridad no lo deja ver».[1] En otras palabras, nuestro enojo puede empujarnos más profundamente al terreno desierto de la «maldición», más lejos del amor que da vida y de la luz que necesitamos.

El enojo hacia un padre o una madre puede convertirse también en enojo a la vida en general, porque no ha tratado bien al HADD o no le ha dado las «oportunidades» que las otras personas consiguen. Entonces se pone a pensar: *¿Por qué mis padres no pudieron permanecer juntos como los de él o los de ella? Al menos soy tan buena persona como es ella. ¿Por qué ella sí pudo tener uno de sus padres en cada juego de fútbol, un papá que la llevara al altar en el día de su boda?*

Si usted tiene alguna duda acerca de que si tiene o no enojo ardiendo por dentro, conteste estas preguntas:

Autoexamen acerca del enojo consumidor

-   ¿Tiene usted al menos sentimientos de enojo o hasta de odio hacia uno o ambos de sus padres?
-   ¿Se pone furioso o furiosa con otros fácilmente, a menudo por ninguna razón aparente?
-   ¿Alguna persona cercana le ha sugerido que tiene problemas de enojo?
-   ¿Se enoja frecuentemente consigo mismo(a)?

Si la respuesta a una o dos de estas preguntas es *sí*, es muy seguro que tenga un problema de enojo. Si su respuesta sincera a tres o a las cuatro preguntas es *sí*, definitivamente que tiene un problema con un enojo no resuelto.

Realmente no está escuchando

Otra característica común que tienen los HADD es que realmente no escuchan a otros. Y el no escuchar puede dañar relaciones.

Pienso en Matt, el hombre que dijo que a la edad de treinta y cuatro años, una edad relativamente joven, ya había estado casado tres veces. ¿Por qué tanto fracaso marital en tan poco tiempo? Él aseguraba que era porque se estaba poniendo calvo y que eso le estaba pasando desde la secundaria. *«La falta de pelo me está arruinando la vida»*, insistió. (Claro está que si eso fuese verdad, entonces tendríamos que preguntar por qué las tres mujeres se casaron con él en primer lugar.)

Sin embargo, el hecho es que a Matt le decían muchas veces que estaba obsesionado con la pérdida de cabello y que no era gran cosa para ellas (sus esposas). Pero simplemente no escuchaba. Él ya estaba convencido y eso era todo. Las palabras reconfortantes y amorosas de las tres esposas, como lo dice el refrán, le resbalaban.

¿Por qué el no escuchar caracteriza a tantos HADD? La razón número uno es, otra vez, el ejemplo de sus padres. Las mamás y los papás en matrimonios turbulentos son consumidos frecuentemente por sus propios problemas. Para realmente poder escuchar a alguien más se requiere que cambien su atención hacia la otra persona. Pero cuando están ensimismados, envueltos en sus propios problemas, un cambio como ese usualmente no ocurre.

Otra razón es que, como lo mencioné anteriormente, los HADD no tienen confianza en sí mismos. Y realmente escuchar a otra persona, especialmente a alguien con un punto de vista contrario o una agenda diferente, demanda confianza en sí mismo y valor. Una cosa es dejar que lo que otra persona diga pase por un oído y salga por el otro. Pero realmente luchar contra el punto de vista de esa persona, sus deseos y expectativas, es cosa dura para el que ya es inseguro.

Para medir su propia propensión a no escuchar realmente, responda con sinceridad a las siguientes preguntas:

Autoexamen en cuanto a no escuchar realmente

- ¿La gente siempre tiene que tratar que usted le ponga atención antes de que puedan empezar a hablarle?
- ¿Suele divagar mientras otros le están hablando?
- ¿Interrumpe a la gente con frecuencia para agregar su propio punto de vista?
- ¿Le resulta dificultoso acordarse de los detalles de una conversación que sucedió hace sólo unos cinco minutos?

Si su respuesta sincera a una o a dos preguntas es *sí*, usted puede aprender a escuchar mejor. Si contestó *sí* a tres o las cuatro preguntas, usted tiene un gran problema: realmente no escucha.

Discusiones interminables

Él dice negro; ella grita blanco. Él quiere pescado; ella quiere un bistec. Él anhela comprar un auto nuevo deportivo, último modelo; ella insiste en un auto familiar usado, cómodo y práctico. Él quiere llegar unos diez minutos más temprano a los eventos sociales; ella prefiere llegar un poco más tarde. Y cada vez que están en desacuerdo, la discusión continúa hasta que uno o ambos simplemente se queda sin energía.

Parece ser que no importa el tema, siempre están al extremo opuesto del espectro y que no hay acercamiento posible entre ambos.

Claro está que todas las parejas discuten de vez en cuando. Pero los HADD están inclinados a discutir más, y en muchos casos parecen estar en perpetua discordia con sus cónyuges u otros cercanos a ellos. ¿Por qué tienen esta tendencia tan desagradable que destruye las relaciones?

Comenzamos, otra vez, con el ejemplo de los padres. Crecer en un hogar que queda destruido a causa del divorcio, significa ser expuesto a muchas discusiones. A menudo son discusiones frecuentes y escandalosas. Y es un patrón que, en el caso de los HADD, lleva a la destrucción del matrimonio.

*Claro está que todas las parejas discuten de vez
en cuando. Pero los HADD están inclinados a
discutir más, y en muchos casos parecen estar
en perpetua discordia con sus cónyuges u otros
cercanos a ellos.*

Entonces, para los HADD, discutir larga y escandalosamente es
la forma normal de lidiar con los desacuerdos. A menudo no saben
cómo resolver los conflictos de maneras saludables. Nunca han
aprendido a «pelear» con imparcialidad y respeto.

Como lo mencioné anteriormente, los HADD también sufren
de baja autoestima y sentimientos de inseguridad. Esto significa,
entre otras cosas, que tienen una necesidad excesiva de estar en lo
«cierto» cuando no concuerdan con otra persona. Si pueden ganar
la discusión, se sienten mejor consigo mismos, al menos temporal-
mente. Por otro lado, si pierden, esto sólo confirma la baja opinión
que tienen de sí mismos.

Además, ya hemos visto en este capítulo cómo los HADD tienden a estar enojados y que no escuchan a otros realmente. Puesto
que es cierto, no es sorprendente que ellos frecuentemente estén en
discusiones. ¡Para empezar, estaban enojados y distraídos! Y están
haciendo que la gente que vive con ellos se enoje.

Para poder controlar su propia tendencia a meterse en discusiones interminables, conteste estas preguntas:

Autoexamen acerca de las discusiones interminables

- Cuando usted tiene una opinión diferente a la de otra persona, ¿es su primer instinto discutir o buscar un consenso?
- ¿Ha habido alguien que le ha caracterizado como una persona batalladora o le ha dicho que es difícil lidiar con usted?
- ¿Puede pensar en un día, hace dos semanas atrás, en el que *no tuvo* alguna discusión con alguien?
- Basado en su experiencia, ¿diría que tiene buenas técnicas para resolver desacuerdos con aquellos que están más cerca de usted?

Si su primer instinto es discutir; si contesta *sí* a la segunda pregunta, *no* a la tercera, o *no* a la última, son indicaciones de que tiene la tendencia a discutir. Si responde negativamente a dos o más preguntas, éste definitivamente es un problema para usted.

Ver a Dios de forma impersonal

Era tarde en la noche, el 14 de abril de 1912. El tercer oficial, Charles Victor Groves, estaba de guardia en la cubierta de su buque, el *Californian*, en medio del Atlántico Norte. Su carguero de madera, dedicado al comercio transoceánico, iba sin pena ni gloria.

Entonces, de la oscuridad salió una aparición enorme y brillante. El RMS *Titanic* venía acercándose casi a toda velocidad por el océano y se veía cada vez más grande en el horizonte. Aun desde una distancia de diez millas, en su jornada desde Southampton, Inglaterra, a Nueva York, el gigantesco transatlántico de lujo dejó al oficial Groves completamente maravillado.

Mientras lo miraba con gran asombro, pareció que el *Titanic* pasó volando por su buque. Luego dijo: «Me sentí muy pequeñito en comparación con su grandeza». Ni el oficial Groves ni nadie más supieron que en unos cuantos minutos el Titanic y todas las 2.209 almas que iban a bordo, estarían involucrados en un desastre.

Esa noche funesta, cuando el Titanic pasó volando cerca del oficial Groves, los pasajeros y la tripulación aparentemente no se habían dado cuenta de que él estaba en la misma sección del océano. De los que estaban en el transatlántico poderoso, los pocos que vieron al *Californian* probablemente notaron un poco (si acaso), el insulso buque de carga.

Hoy en día, muchos HADD pueden identificarse con la manera en que se debió haber sentido el tercer oficial Groves esa noche. Cuando piensan en el Dios Todopoderoso del universo, lo ven grande, impersonal y que, vagamente, nota que ellos existen. Si participa en sus vidas, sólo es cuando pasa volando camino a lidiar con situaciones que Él considera más importantes.

*De esa experiencia tan dolorosa, es fácil concluir
que Dios es indiferente o es incapaz de ayudar.*

¿Por qué es que los HADD tienen la tendencia de ver a Dios como frío e impersonal? Bueno, para empezar, si estaban grandecitos cuando pasó, probablemente oraron pidiéndole a Dios y rogándole que mantuviera a sus padres juntos, mientras que el matrimonio se iba destruyendo. ¿Y de qué sirvió? Cualquier otra cosa en sus vidas por la cual hubiesen orado no era tan relevante, ese fue el pedido más importante y no sirvió de nada.

De esa experiencia tan dolorosa, es fácil concluir que Dios es indiferente o es incapaz de ayudar. Y si no pudo o no quiso ayudarles a ellos y a sus familias con la necesidad más urgente de sus vidas, ¿por qué confiar que Él va a ayudarles con cualquier otra?

Pero pensar que Dios es indiferente o incapaz, también puede ser doloroso. Si a Él no le importa o no nos puede ayudar, realmente estamos solos, ¿no? Entonces se hace más fácil pensar que Él es impersonal. Esa es la manera en que Él es, como el *Titanic*, grande y poderoso, y camino a algún otro lugar.

Esta perspectiva es triste porque, como lo han demostrado tanto el sentido común como los estudios científicos, las personas que creen en Dios y disfrutan de una relación diaria y personal con Él, son más felices y más sanas con un mayor sentido de propósito en la vida y esperanza para el futuro. Son mucho más capaces de enfrentar los desafíos de la vida y de vencer los obstáculos.

Para saber si usted tal vez esté viendo a Dios como un ser impersonal, responda las siguientes preguntas:

Autoexamen en cuanto a ver a
Dios de manera impersonal

- Si alguien le pregunta si Dios responde las oraciones, ¿diría *sí* o *no*?
- ¿Le pide en oración a Dios regularmente en cuanto a sus propios deseos y necesidades?
- Cuando usted piensa en Dios, ¿lo ve como afectuoso y personal o como frío y distante?
- ¿Describiría usted la mayoría de sus experiencias con Dios como positivas o negativas?

Si contestó que *no* a cualquiera de las dos primeras preguntas, es probable que vea a Dios como impersonal (no importa cómo describa su teología). Si contestó francamente que *no* a ambas preguntas, y si también lo ve como distante o considera que sus experiencias con Él han sido mayormente negativas, entonces usted ciertamente lo está viendo como impersonal.

Y AHORA, UNAS BUENAS NOTICIAS

Al fin hemos cubierto las doce manifestaciones de la maldición de ser un HADD, que veo más a menudo. Si usted es un HADD, hay muchas probabilidades de que se pueda identificar con una o más de ellas. Pero aunque estos últimos tres capítulos hayan sido un trecho largo y necesario de malas noticias, ahora estamos listos para unas buenas.

Comenzando en el siguiente capítulo, empezaremos a ver cómo vencer la maldición, incluyendo estas características problemáticas que son tan comunes a los HADD. Veremos que hay esperanza para el futuro y que *no tenemos* que repetir los fracasos maritales que nuestros padres tuvieron. Podemos aprender, podemos crecer y, con la ayuda de Dios, podremos tomar mejores decisiones.

Confío en que usted concuerda en que, en efecto, esas son buenas noticias.

Preguntas para reflexionar y para aplicarlas

1. ¿Cuál de las manifestaciones de la maldición descritas en este capítulo, cree usted que es potencialmente más dañina? ¿Por qué?

2. ¿Con cuál de estas manifestaciones puede identificarse más? ¿Por qué?

3. ¿Qué impacto tiene esa manifestación en su vida como individuo? Y si está casado o casada, ¿en su matrimonio?

Capítulo 5

REVOQUE LA MALDICIÓN

Necesitamos saber que somos amados con un amor que no desaparecerá, no se debilitará y que nunca nos abandonará. Pero como hijos del divorcio, la vida nos ha hecho temer que tal amor simplemente no exista. Y estoy aquí para decirle que sí existe.

Después de leer todas esas manifestaciones comunes de la maldición de haber crecido en un hogar del divorcio, estará pensando que como un HADD, está condenado a fracasar en el matrimonio. Ciertamente así era como pensaba una mujer que se llama Carrie.

«Crecí viendo a mis padres pelear constantemente», dijo Carrie. «Se divorciaron cuando yo tenía quince años de edad». Y efectivamente, el propio matrimonio de Carrie terminó en un divorcio desastroso después de sólo seis años.

Pero lo raro es que Carrie tiene una hermana: Cheryl. Y aunque Cheryl creció en el mismo ambiente enconado y presenció el mismo divorcio amargo de sus padres, ella todavía estaba felizmente casada por más de trece años, durante el tiempo en que Carrie hizo sus comentarios.[1]

Dos hermanas, hasta gemelas, ambas HADD, pero con resultados totalmente diferentes en sus propios matrimonios. ¿Qué es lo que nos dice esto? Bueno, una lección obvia es que aunque la maldición del HADD presenta un obstáculo enorme al éxito marital, no significa que es insuperable. Se puede vencer.

En resumen, usted puede establecer un matrimonio fuerte y duradero a pesar de que sus padres se divorciaron. Usted *puede* romper el ciclo.

Pero ¿cómo puede hacer eso? ¿Cómo puede vencer las probabilidades, revocar la maldición y lograr algo que se les escapó a sus propios padres? Eso es lo que este capítulo y el resto de este libro le enseñarán. Así que empiece entendiendo la verdad fundamental y usándola diariamente.

DECIDA USAR SU PODER

Saliendo de un hogar del divorcio, usted sin dudas ha experimentado mucho dolor e inclusive trauma. Tiene imágenes grabadas en su mente de cuando sus padres peleaban entre sí, gritándose el uno al otro, o tal vez dándose el frío tratamiento del silencio. Quizá hasta tenga imágenes de su mamá y de su papá maltratándose físicamente.

Usted no es esclavo(a) de su pasado. Lo que le sucedió al matrimonio de sus padres no le tiene que suceder al suyo.

Tal vez sus imágenes incluyan a uno de sus padres mintiéndole al otro, engañando al otro, expresándose un odio rotundo entre sí, o hasta dejando atrás al otro. Y tal vez sus imágenes incluyan a sus padres desquitándose con usted, sus hermanos y hermanas, algunos de sus dolores, frustraciones y enojos.

Sean cuales sean las imágenes que tenga en su memoria y los efectos dañinos que parecieran haber influido en su capacidad para mantener un matrimonio saludable, *lo cierto es que usted tiene la opción para responder.* Usted no es esclavo(a) de su pasado. Lo que le sucedió al matrimonio de sus padres no le tiene que suceder al suyo.

Usted puede escoger un resultado diferente y hacerlo su realidad.

Este poder para decidir cómo responderemos a los retos de la vida es uno de los más grandes regalos de Dios a la humanidad. Una de mis historias favoritas en cuanto a esto, viene de la Biblia; es un relato verídico de un joven rey llamado Josías.

En los tiempos antiguos, el reino de Israel se dividió en dos, después de la muerte de Salomón. En ambos reinos, del norte y del sur, la mayoría de los gobernadores que imperaron fueron malvados. Le dieron la espalda al Dios de Abraham e hicieron que la gente adorara a los ídolos. Uno de los peores fue Manasés, el abuelo de Josías.

Aquí está una parte de lo que las Escrituras dicen acerca de Manasés: «En ambos atrios del templo del Señor construyó altares en honor a los astros del cielo. Sacrificó en el fuego a su propio hijo, practicó la magia y la hechicería, y consultó a nigromantes y a espiritistas. Hizo continuamente lo que ofende al Señor, provocando así su ira».[2]

Como es lógico, el hijo de Manasés, Amón, que reinó después de él, imitó las cosas terribles que hizo su padre. Aquí está un poco de lo que leemos de él: «Amón hizo lo que ofende al Señor, como lo había hecho su padre Manasés. En todo siguió el mal ejemplo de su padre, adorando e inclinándose ante los ídolos que éste había adorado».[3]

Después de que Amón fue asesinado, la gente coronó a Josías como rey a la madura edad de ¡ochos años! Ahora, con el historial de su abuelo y de su papá, hubiésemos esperado que él también cometiera muchas depravaciones religiosas. ¡Llámelo la maldición de crecer en una familia muy malvada! Después de todo, esa era la historia familiar, el modelo que había visto desde pequeño, la única forma de vida que conocía.

No obstante, en vez de eso, leemos esto acerca de él: «Josías hizo lo que agrada al Señor, pues en todo siguió el buen ejemplo de su antepasado David; no se desvió de él en el más mínimo detalle».[4]

Yo siempre me he preguntado quién o qué influyó a Josías para que tomase un camino diferente al del abuelo y al del padre. ¿Habrá sido una enfermera consagrada o un tutor? ¿Podría haber sido su madre? Tal vez empezó cuando vio el impacto destructivo que tuvo en la gente y la sociedad de Judá el que adoraran ídolos, aun cuando era un niño.

Cualquiera que haya sido la razón, Josías *decidió* saltar, por así decirlo, el ejemplo malvado de sus antepasados más cercanos e identificarse con David, su antecesor, llamado en las Escrituras «un varón conforme a Su corazón». Josías rehusó ser atado por las creencias y prácticas corruptas de los reyes que le precedieron. Él reconoció el mejor camino, el camino de la verdad y de la salud nacional y el bienestar, y se propuso seguirlo con determinación.

Este poder de decidir un mejor camino a pesar de haber crecido en una familia divorciada, es suyo también. Independientemente de su pasado o de sus circunstancias actuales, a pesar de lo que la vida u otra gente le haya hecho, usted puede tomar la decisión de pensar, hablar y actuar en formas que edifiquen sus relaciones en vez de destruirlas.

Al igual que Josías, usted no es esclavo(a) del pasado de su familia.

Déjeme hacer que esta verdad le sea más útil. Como ilustración, supongamos que usted, como HADD, usualmente manifiesta la característica del enojo consumidor. Cada vez que usted y su cónyuge tienen alguna clase de discrepancia, aun en asuntos que en retrospectiva parecen haber sido triviales, usted de inmediato se pone a gritar y pierde el control.

Usted sabe lo que está mal. Después de haber leído el capítulo 4, se da cuenta ahora de que mucho de su enojo consumidor proviene del divorcio de sus padres. Pero es un hábito profundamente arraigado y usted ha sido así desde la separación. No obstante, puede decidir cambiar. Puede decidir responder al conflicto con su cónyuge de una manera más saludable.

Por supuesto que eso no es fácil. Quizá se sienta impotente para tomar esa decisión, y especialmente para hacerlo congruentemente. Más adelante en este capítulo, veremos de dónde viene este poder. Pero entienda que revocar la maldición empieza al tomar la decisión y al poner *en práctica* lo que ha decidido.

ENFRENTE SUS TEMORES

Como vimos en el segundo, tercer y cuarto capítulos, nosotros los HADD tendemos a tener muchos temores a causa de nuestras experiencias dolorosas. Estas motivan muchos de los comportamientos que identificamos como manifestaciones de la maldición de haber crecido en un hogar de divorcio. Entonces, para vencer esas manifestaciones tenemos que enfrentar nuestros temores.

Si uno de nuestros padres traicionó al otro, tememos que nuestro cónyuge nos traicione. Si uno de nuestros padres abandonó al otro, tememos que nuestro cónyuge también lo haga. Y en última instancia, como nuestros padres fallaron en el matrimonio, tememos que nosotros también fallemos.

O tal vez tememos estar destinados a ser los que traicionan, abandonan o los que causan el fracaso, como si estuviera en nuestros genes o como si fuera nuestro destino.

Melody era una HADD con esta clase de temores. Sólo tenía trece años cuando sus padres se divorciaron y vio a su padre casarse con la mujer con la cual tuvo su aventura amorosa. Entonces, luego de sólo tres años se divorció de ella también. Después de eso, se desapareció de la vida de Melody.

Doce años más tarde, aunque se encontraba «felizmente» casada, Melody vivía con el temor de que *este* hombre a quien amaba, también la abandonaría. Su esposo Cliff era un hombre muy trabajador y consagrado a su matrimonio, pero también era tranquilo y emocionalmente distante, tal como el papá de ella.

El temor hizo a Melody sospechosa y contenciosa. Aunque Cliff no hubiese hecho nada para merecer su desconfianza, cuando llegaba a casa por la noche, ella lo acosaba preguntándole dónde había estado, qué estaba haciendo y con quién. Y a pesar de su inocencia y sus respuestas convincentes, ella no podía zafarse del temor que tenía de que algún día la abandonara, otra vez, como lo hizo su papá.[5]

¿Cómo podemos vencer esos temores? *Primero, tenemos que acordarnos de que los temores crecen en lugares oscuros y disminuyen a la luz del día.* Nuestra mente puede ser uno de esos lugares oscuros. Hablando sinceramente sobre esos temores con nuestros cónyuges, como también acerca de nuestras necesidades y expectativas, pueden traerse a la luz.

Por ejemplo, si Melody hablase sinceramente con Cliff acerca del temor que tiene que la abandone y cómo esto hace que ella lo acose con esas interrogaciones cada noche, puede hacer que ambos lleguen a ser más comprensivos y pacientes. Tal vez se puedan poner de acuerdo en que él se mantenga en contacto con ella durante todo el día y que ella se controle la lengua. Y los dos pueden acordar ser comprensivos uno con otro cuando en un momento dado, uno de ellos no cumpla lo prometido.

Segundo, podemos esforzarnos en lograr un poco de objetividad con nuestro cónyuge y nuestro matrimonio. En vez de aceptar la noción de que estamos destinados a terminar como nuestros padres, podemos hacer una lista de las maneras en las cuales nosotros y nuestros cónyuges *no* somos como ellos, especialmente en esos defectos que contribuyeron al divorcio. Entonces podemos hacer una lista de las maneras en que nuestros matrimonios *no* son como los de nuestros padres, particularmente en cuanto a los aspectos problemáticos.

Es cuestión de reprogramar nuestra forma de pensar, de concentrarnos en las cosas positivas de nuestras vidas, para así poder edificar sobre ellas, en vez de las cosas negativas que emanan de un legado de divorcio.

Como la mayoría de nosotros se fija en los defectos de la gente, en los nuestros como en los de nuestros cónyuges, también es bueno hacer otra lista de nuestras virtudes (y tal vez de las de nuestros padres). Una de las cosas que debe ir primero en esa lista debería ser nuestro compromiso con nuestro cónyuge y nuestra relación. Entonces podemos hacer una lista de las virtudes de nuestro cónyuge y otros atributos positivos que posee.

Después de que hayamos hecho estas listas, es bueno ponerlas en lugares prominentes de la casa donde podamos verlas varias veces al día. Sobre el espejo del baño, la refrigeradora y la pantalla de la computadora, son sólo algunas de las posibilidades. Y podemos hacer varias copias para ponerlas en diferentes lugares, si es que hay necesidad de ello.

Refrescar nuestras mentes de forma periódica con estas verdades positivas, y sólo ver nuestras listas durante todo el día, puede ayudarnos a socavar y hasta contraatacar nuestros temores. Es cuestión de reprogramar nuestra forma de pensar, de concentrarnos en las cosas positivas de nuestras vidas, para así poder edificar sobre ellas, en vez de las cosas negativas que emanan de un legado de divorcio.

Tercero, si todavía estamos luchando con nuestros temores, tenemos que estar dispuestos a buscar y aceptar ayuda. Un buen amigo o amiga que nos pueda escuchar y ayudar a ver las cosas más objetivamente, puede ser una tremenda bendición. Un consejero profesional, uno que comparta nuestra dedicación a hacer que nuestro matrimonio dure y que tenga éxito, también puede ofrecer una asistencia valiosa.

Finalmente, los recursos espirituales pueden ofrecer mucho consuelo y hasta libertad del temor. Hablaré más acerca de esta área en la última sección de este libro.

Ajústese dos grados a la vez

Al vencer las manifestaciones de la maldición en nuestras vidas, decidiendo no fracasar como lo hicieron nuestros padres, enfrentando nuestros temores y los otros principios de los cuales hablamos en este capítulo, nuestra tendencia natural es querer y pensar que *necesitamos* hacer y ver cambios grandes, virtualmente de la noche a la mañana. Por ejemplo, si por años nuestra tendencia ha sido la de procrastinar, quisiéramos poder dejar de diferir y convertirnos en superproductores o superproductoras al día siguiente.

No obstante, en la mayoría de los casos, las cosas no suceden así. El pastor y autor Chuck Swindoll escribió un éxito de ventas hace varios años titulado: *Tres pasos adelante, dos para atrás*, y esta es la forma en que usualmente progresamos hacia una meta positiva. O como a mí me gusta decirlo, tenemos que proponernos lograr cambios de sólo dos grados a la vez. Déjeme explicarle.

Si continúa haciendo cambios de dos grados,
usted cambiará su destino.

En un compás, dos grados no es un cambio de dirección significativo. Cuando usted considera que girar hacia la derecha o hacia la izquierda en una calle perpendicular es un cambio de unos noventa grados, un giro de sólo dos grados parece ser intrascendente. Ni siquiera se puede notar.

Pero si continúa haciendo cambios de dos grados en distancia y por un largo tiempo, el resultado será que en última instancia su destino cambiará grandemente.[6]

El impacto potencial de los cambios pequeños quedó inolvidablemente impreso en mi mente un día de verano mientras estaba en un 727, apiñado, pegajoso y caluroso, que se encontraba en la pista del aeropuerto de Austin, Texas. Mi trabajo requiere que viaje mucho, así que estoy bien familiarizado con los largos retrasos en la venta de los boletos de avión, los largos retrasos en el área del control de seguridad, los largos retrasos en la puerta de embarque esperando a que llegue el avión, los largos retrasos... bueno, ya usted tiene la idea.

Sin embargo, en ese día memorable, mi vuelo partió de la puerta de embarque a la hora prevista. Pensé que a lo mejor hasta podría llegar a casa a tiempo. Pero no. Después de haber rodado por sólo unas 500 yardas desde el terminal, dirigiéndonos hacia la pista de despegue, de repente nos detuvimos. El piloto usó el intercomunicador y anunció: «Amigos, acabamos de enterarnos de que tenemos un problema con unos trámites burocráticos que tendremos que resolver. Nos quedaremos aquí por varios minutos».

Como dije, sé todo acerca de los largos retrasos de los viajes por avión. Así que me di cuenta de que «varios minutos» podría significar cualquier tiempo desde ahora, hasta que su hijo más pequeño se gradúe de la universidad, se enamore, se case y nazca su primer nieto». Y yo generalmente permanezco en calma y uso mi tiempo dentro de la lata de aluminio para leer, escribir o contestar correspondencia en mi computadora portátil. Pero cuando se me acabó la batería y luego de estar sentado al lado de esa persona desconocida por tan largo rato, decidí entablar una conversación con ella.

Resultó que era un ingeniero del área de Houston. Y llegando a una conclusión lógica, le pregunté si trabajaba para una de las compañías petroleras.

«No, trabajo para la NASA», dijo.

Bueno, estoy seguro de que en los sesenta minutos que siguieron, él se arrepintió de haberme dicho eso. Cuando yo era niño, soñaba ser un astronauta. Crecí en el tiempo en que el Apollo era un vuelo controlado por hombres y que culminó cuando Neil Armstrong y Buzz Aldrin caminaron en la luna. ¡Y ahora yo estaba aquí conversando con un científico genuino que podría contestar todas mis preguntas acerca de un viaje por el espacio!

Y de que pregunté, pregunté. Habla mucho a su favor el hecho de que él me respondiera pacientemente y hasta me contara unas historias que sucedieron entre bastidores, las cuales me tragué como un niño que está mirando su caricatura favorita del sábado por la mañana. ¡Me estaba divirtiendo muchísimo!

Entonces hice una pregunta que pensé que era sencilla, pero esta hizo que el ingeniero notara que yo realmente era un novato: «¿Cuáles son las tolerancias que se incorporan como parte de la trayectoria para un vuelo hacia la luna? Por ejemplo, después del despegue, ¿puede uno estar un poco desviado, tal vez como por dos grados, y no crear un gran problema?»

El hombre sabía cuál era la respuesta básica, pero él quería que yo supiera exactamente cuán loca era mi idea. Así que agarró su maletín y sacó su calculadora de mano, la cual parecía ser una supercomputadora Cray que había sido forzada en una caja del tamaño de una novela de pasta blanda. Yo hasta podía escuchar a mi computadora portátil diciendo: «¡Ah, eso es lo que quiero ser cuando crezca!»

El hombre tecleó la distancia «bien aproximada» desde la Tierra hasta la luna, unas 225,740 millas, claro, dependiendo de la temporada del año y el apogeo de la órbita de la luna alrededor de nosotros. Entonces sus dedos volaron por el teclado por un rato, al ir metiendo las variables en una ecuación que nunca entenderé ni en un millón de años.

Finalmente dijo: «Si te desvías por unos dos grados después del despegue, y no tomas mucho en consideración el tiempo ni la distancia recorrida, no sólo perderías tu punto de entrada a la órbita, sino que te pasarías la luna por unas 11,121 millas». Y me enseñó la calculadora para que me diera cuenta que no estaba inventando lo que me decía.

Ahora, ya establecimos que no soy científico, ¡pero hasta yo sabía que 11,000 millas y pico era bastante! Sólo un error de dos grados en su ruta y usted podría encontrarse yendo a Marte en vez de a la luna. O, para decirlo de una manera en que nos ataña a usted y a mí en nuestro diario vivir, sólo una pequeña diferencia en nuestra dirección, después de un tiempo, puede establecer una diferencia enorme en nuestro destino.

Esto es cierto tanto en lo positivo como en lo negativo. Y nos da mucha esperanza para vencer las manifestaciones de la maldición.

Como antes, vamos a suponernos que realmente está luchando con la procrastinación. En vez de hacer las cosas que debe todos los días, usted tiende a sentarse por horas frente al televisor después de llegar a casa. Y antes de darse cuenta, es tiempo de irse a dormir y no pudo hacer nada. Usted reconoce que este es un problema y se da cuenta de que tiene que dejar de ver la tele por completo, empezando hoy.

Pero esto no es ser realista, ¿verdad? Su costumbre de desperdiciar la noche frente al televisor está profundamente arraigada. Además, usted tiene unos programas favoritos que realmente disfruta y va a querer verlos. Mi sugerencia: Empiece a hacer un cambio de dos grados.

Digamos que ve la tele por cuatro horas cada noche. No espere cortar a cero mañana. Pero, ¿qué tal si sólo corta un programa de media hora? De seguro hay al menos un programa de comedias que usted ve más por costumbre que porque realmente le guste. Apague el televisor sólo por esa media hora, y ponga los trastes en la lavadora de platos, pague unas cuentas o haga otras cosas que tenga que hacer durante ese tiempo.

Pruebe esto por una semana. Es un cambio pequeño, nada muy drástico, pero se está moviendo en la dirección correcta. Y es mucho más fácil decir: *Puedo estar sin uno de mis programas cada noche*, que pensar: *¡Tengo que dejar de ver la televisión por completo!*

Al final de esa semana, si se le hizo difícil apagar la tele por media noche, por lo menos cuatro o cinco días, trate por otra semana más. Mientras más trate, más fácil se le hará. Y tan pronto *pueda* lograr dejar de ver ese programa de comedias más a menudo, revise su programación otra vez para ver si hay *otro* programa de media hora que pueda dejar de ver cada noche.

Nuevamente, tome su tiempo. Algunas noches va a fallar, pero más y más noches vencerá. Ese pequeño cambio de dirección, después de un tiempo, se convertirá en un gran cambio en su costumbre —la procrastinación— a causa del televisor.

Una vez leí que tenemos la tendencia a *sobreestimar* cuánto podemos lograr a corto plazo y a *subestimar* cuánto podemos lograr en un largo período de tiempo. Y yo pienso que eso es muy cierto. Pero al hacer cambios de sólo dos grados en nuestras malas costumbres, al fin podremos progresar y vencerlas. (Hablaré más acerca del valor que tienen los cambios de dos grados en el capítulo 7.)

Empiece con una

Consecuente con la idea de hacer cambios de dos grados, también hay gran sabiduría al concentrarse en vencer sólo una manifestación de la maldición a la vez. Si es como la mayoría de nosotros los HADD, probablemente esté luchando con varias de las marcas de la maldición. En última instancia, querrá vencerlas todas y preferiblemente al mismo tiempo.

Pero así como no hacemos mejoras drásticas generalmente de la noche a la mañana, en un área que nos ha dado problemas por años, también es más probable que tengamos tristeza en vez de éxito, si tratamos de resolver múltiples manifestaciones simultáneamente. Casi siempre los mejores resultados se obtienen al concentrarse en una cosa a la vez.

> *Usualmente los mejores resultados se obtienen*
> *al concentrarse en una cosa a la vez.*

Como mencioné anteriormente, uno de mis «problemas» de haber crecido en un hogar de divorcio es el enojo. Continué luchando con eso (y otras cosas más) hasta estar bien adentrado en la edad adulta. Y una de las formas en que salió, fue que después de que mis dos hijas nacieron, cuando me enojaba con ellas, les señalaba con el dedo cuando las estaba regañando. Eso las irritaba y hasta las asustaba, lo cual definitivamente no era una costumbre saludable.

Ahora, pude haber tratado de decirme a mí mismo: «Nunca más me voy a enojar con mis hijas otra vez. ¡Empezando mañana, siempre voy a estar calmado y voy a ser gentil, aun cuando ellas nos desobedezcan deliberadamente a mí o a Cindy!» Y francamente, esa decisión hubiese durado menos de un día.

Afortunadamente, se me ocurrió que el ambiente empezaría a mejorar entre mis niñas y yo, si solo pudiese romper la costumbre de señalarles con el dedo amenazadoramente cuando las regañaba. Así que inventé una manera «pequeña» pero práctica de romper esa costumbre. Un día las reuní y les dije: «Hijas, papito quiere parar de señalarles con el dedo cuando les está hablando enojado. Así que esto es lo que vamos a hacer para ayudarme a lograrlo: De ahora en adelante, cada vez que les señale con el dedo cuando estoy enojado, ¡les voy a dar un dólar en ese mismo instante!»

Como se lo podrá imaginar, Kari y Laura pensaron que era una buena idea. Las riquezas imaginarias del tamaño de un niño, empezaron a danzar en sus cabezas.

Por mi parte, no me gustó mucho la idea de «desperdiciar» mi dinero, así que determiné privadamente no pagar ni un solo dólar. Y efectivamente, de repente estaba mucho más consciente cuando les iba a señalar con el dedo. No obstante, eso no significa que mi billetera permaneciera cerrada. De hecho, ¡durante las tres semanas siguientes les pagué casi veinte dólares en billetes de a uno!

La buena noticia es que al final de esas tres semanas, aprendí a reconocer cuando estaba a punto de señalarlas, de modo que finalmente me daba cuenta y me detenía antes de hacerlo. Las niñas ya no sabían ni qué pensar.

La noticia, que es hasta aun mejor, es que al romper esa mala costumbre con ese método tan sencillo, causó un efecto dominó. Primero, me ayudó a controlar mi enojo rápidamente cuando me disgustaba con mis hijas. Para no señalar, tuve que detenerme y pensar en lo que estaba a punto de hacer y por qué. Eso probó ser una pausa lo suficientemente larga para poder controlarme.

Segundo, empecé a controlar mi enojo en todas las situaciones, no sólo cuando las niñas hacían algo que me molestaba. Estaba más conectado con mis emociones y más consciente en cuanto a qué es lo que se siente cuando estoy empezando a perder el control.

Y tercero, descubrí que haber crecido en esa área me ayudó inmensamente con otras en las cuales también tenía problemas. El esfuerzo por mejorar mi control sobre el enojo debilitó las ataduras que también tenía con otras malas costumbres. ¡Y ni de hablar de beneficios adicionales inesperados!

Rinda cuentas

¿Qué es lo que tienen en común los grupos que ayudan a la gente que tienen comportamientos habituales o hasta adictivos, como los de Alcohólicos Anónimos y los de Jugadores Anónimos, como clave del éxito? Rendir cuentas. Ellos han descubierto que algunas veces, cuando una persona es muy tentada a ceder a un impulso, la *única* cosa que la mantiene fuerte es saber que en unos cuantos días, alguien a quien él o ella respeta y a quien no quiere desilusionar, le va a preguntar: «¿Te dejaste llevar por el impulso esta semana?»

He descubierto que esto es cierto en mi propia vida, primeramente con mis hijas, como lo describí en la sección anterior, en mi trabajo como consejero, y trabajando con hombres por medio del grupo llamado Promise Keepers [Cumplidores de promesa]. No puedo contar las veces en que un hombre me haya dicho: «La semana pasado estuve tan tentado a _____», cualquiera que haya sido la mala costumbre con la cual él haya estado luchando. «La única manera en que me pude aguantar fue pensar cómo hubiese podido darle la cara a_____» (a mí o alguien más que él se había propuesto rendir cuentas), «en unos cuantos días sabiendo que él me iba a hacer la pregunta y no salirme de la farsa con una mentira».

Si hace esto bien, con alguien en quien usted confíe y que respete su necesidad de confidencialidad, el rendir cuentas puede ser una herramienta poderosa en sus esfuerzos para vencer las manifestaciones de la maldición y para forjar un matrimonio fuerte.

¿Tiene usted la tendencia de culpar a otros por todo lo que le sale mal en la vida, especialmente a su cónyuge? Un compañero o compañera a la cual poder rendirle cuentas puede ayudarle a ver las cosas más objetivamente.

¿Tiende a romper sus compromisos y a hacer múltiples comienzos falsos hacia un cambio verdadero? Su compañero o compañera, a la cual usted puede rendirle cuentas, podría hablarle sobre eso y refrescarle la memoria cuando necesite mantenerse en curso.

En resumen, alguien a quien usted esté dispuesto(a) a rendirle cuentas francamente, puede ser una gran ayuda al lidiar con cualquiera de las manifestaciones de la maldición.

¿Tiende a guardarse sus sentimientos negativos y a guardar secretos? Un compañero o compañera a la cual pueda rendirle cuentas, podría ayudarle a enfrentar lo que está pensando y lo que está haciendo.

En resumen, alguien a quien usted esté dispuesto(a) a rendirle cuentas francamente, puede ser una gran ayuda al lidiar con *cualquiera* de las manifestaciones de la maldición. Como se lo sugerí anteriormente, esta persona tiene que ser alguien en quien usted pueda confiar que realmente está interesado(a) en su bienestar y que proteja su privacidad. También tiene que ser alguien a quien usted esté dispuesto(a) a confesarle todo. Y tiene que ser alguien que le haga las preguntas difíciles en cuanto a cómo lidió con sus áreas problemáticas desde la última vez que se vieron, y que no le dejará darle vueltas al asunto al responder.

¿Quién será un buen candidato o candidata para convertirse en su compañero o compañera a la cual usted pueda rendir cuentas?

Podría ser un amigo o una amiga, un miembro de su familia extendida, un pastor o un consejero. Pero cuando halle a la persona correcta, le animo a que aproveche ese tremendo recurso.

OBTENGA AYUDA PROFESIONAL
CUANDO LA NECESITE

Con un doctorado en consejería, para mí sería fácil sólo sentarme en ese lado del cuarto con mi camisa de sicólogo y darles asesoramiento a otros. Sin embargo, una de las mejores decisiones que Cindy y yo tomamos fue buscar un «tutor» o consejero, para una afinación anual. Como dicen las Escrituras: «Sin dirección, la nación fracasa; el éxito depende de los muchos consejeros».[7]

Todo empezó cuando mi padre se estaba muriendo y tuvimos que tomar muchas decisiones sobre todos los asuntos acerca de esa relación (tales como, si tenía que venirse a vivir con nosotros o no). Cindy sugirió que nos sentáramos y habláramos con alguien. Como yo sabía que eso nos costaría dinero, la presioné para ver si estaba hablando en serio. Lo estaba. Así que llamé a un amigo que tiene un doctorado en consejería. Hicimos tres citas para reunirnos con él y hablar detalladamente, como pareja, para saber cómo enfrentar la situación de mi padre. Francamente, pensé que no había mucho de qué hablar y que terminaríamos en una sesión. No obstante, después de tres sesiones, ¡Cindy estaba lista para pedir tres semanas más de asesoramiento!

Eso inició algo que hemos hecho, casi sin excepción, por veinte años: reunirnos una vez al año para tener tres sesiones con un consejero profesional para hablar acerca de cualquier problema que la vida nos haya dado en ese año. Un año, el problema fue mi itinerario de viajes, junto con las dificultades de criar hijas que estaban en la escuela secundaria y un cambio inesperado de trabajo. Luego fue la muerte de mi madre y la de los padres de Cindy en el mismo año.

Especialmente cuando esté lidiando con un
asunto, un problema o un ciclo realmente difícil,
y parezca que no está logrando nada por sí solo o
por sí sola, un profesional entrenado puede serle
de gran ayuda.

En otras palabras, al menos por lo que a mí respecta, no creo que se me vayan a acabar las cosas de qué hablar con un «tutor» entrenado. Estoy usando la palabra *tutor* a propósito en vez de *consejero*. En la mayoría de los casos eso es lo que necesita la gente, incluyendo a los HADD: un poco de entrenamiento estratégico, breve, positivo, con orientación hacia el futuro por un consejero entrenado, no años y años de reuniones a profundidad con un terapeuta.

Cindy y yo estamos de acuerdo en que esas reuniones casi anuales con el doctor Retts han sido una tremenda ayuda para nuestro matrimonio, y para revocar la maldición. ¿Estoy diciendo que todo el mundo tiene que buscar asesoría? Absolutamente no. Sin embargo, estoy diciendo que todo el mundo debería hacerlo; como dicen las Escrituras, busque una guía. Especialmente cuando esté lidiando con un asunto, un problema o un ciclo realmente difícil, y parezca que no está logrando nada por sí solo o por sí sola, un profesional entrenado puede serle de gran ayuda.

Pero escoja un consejero con cuidado. Elija a una persona con experiencia y que tenga una fe extraordinaria. Si puede, consiga una referencia de alguien que usted sepa que haya ayudado significativamente a otros con problemas como los suyos. También puede obtener ayuda llamando a Enfoque a la Familia al 1-800-434-2345, para que le ayuden a encontrar un buen consejero en el área donde usted reside.

DESCANSE EN DIOS

Finalmente y lo más importante es que el poder para hacer todo lo que le dije en este libro positivamente, viene al abastecerse del amor y del poder de Dios. Todas las otras sugerencias que he hecho son importantes y usted las puede seguir por sí solo o por sí sola hasta un punto, dependiendo de su nivel de motivación y fuerza de voluntad. *Pero el poder más grande para hacer un cambio duradero proviene de obtener un mayor entendimiento acerca de Dios y Su amor hacia usted, y luego dejar que Él trabaje dentro y a través de usted.*

Imagínese que yo le hablase sobre lo placentero y conveniente que es tener un iPod de la marca Apple, y que usted podría disfrutar de su música favorita dondequiera que fuese. Entonces le describo todos los pasos necesarios para descargar la música que le gusta, para localizar las canciones que quiera escuchar y subir el volumen a todo dar. Pero mientras le estoy proporcionando toda esa ayuda, se me pasa mencionarle acerca de esta cosa llamada *batería* y el rol que tiene, y el cómo y el porqué se mantiene cargada. Su iPod pronto se quedaría sin energía, y se convertiría en nada más que una decoración costosa en su estante.

Bueno, darle las otras claves para vencer las manifestaciones de la maldición sin mencionarle a Dios, sería lo mismo. Esas son importantes, hasta vitales, pero la verdad más necesaria es que Dios es el que realmente hace la diferencia en las vidas individuales y en los matrimonios.

Entonces, primero tenemos que entender mejor a Dios y cómo quiere relacionarse con nosotros. Él *no* es impersonal. *No* es indiferente. Él *no* nos da la espalda aunque la gente (por ejemplo, nuestros padres) nos hiera o nos decepcione con sus decisiones.

Aquí están solamente unas cuantas verdades que hallamos en las Escrituras acerca de Dios y de cómo se siente con nosotros: «¿No se venden dos gorriones por una monedita? Sin embargo, ni uno de ellos caerá a tierra sin que lo permita el Padre; y Él les tiene contados a ustedes aun los cabellos de la cabeza. Así que no tengan miedo; ustedes valen más que muchos gorriones».[8]

«Depositen en él toda ansiedad, porque él cuida de ustedes».[9]

«Pero Dios, que es rico en misericordia, por su gran amor por nosotros».[10]

«Y nosotros hemos llegado a saber y creer que Dios nos ama. Dios es amor. El que permanece en amor, permanece en Dios, y Dios en él».[11]

El salmista escribió: «Respóndeme, Señor, por tu bondad y tu amor; por tu gran compasión, vuélvete a mí».[12]

«Tú, Señor, eres bueno y perdonador; grande es tu amor por todos los que te invocan».[13]

«Porque el Señor es bueno y su gran amor es eterno; su fidelidad permanece para siempre».[14]

Y aquí está probablemente el versículo más conocido en todo el Nuevo Testamento: «Porque tanto amó Dios al mundo, que dio a su Hijo unigénito, para que todo el que cree en Él no se pierda, sino que tenga vida eterna».[15]

Así que Dios no sólo nos ama, le ama a *usted*, lo suficiente como para invitarnos a que le demos todas nuestras ansiedades, para perdonarnos, y para hacer un sacrificio incomprensible y así ofrecernos vida eterna. *Esto* es lo que Dios siente con relación a nosotros.

Si este es un concepto nuevo para usted, o si le es difícil creerlo, le animo a que revise y medite en estas verdades varias veces al día. Marque esta página y regrese a ella una y otra vez. Escriba estos versículos en tarjetas y llévelas consigo para que las pueda volver a leer mientras haga sus actividades diarias. Deje que estas verdades se metan bien profundo en su corazón y en su mente.

Verá, todas las manifestaciones de la maldición nacen del hecho de que cada ser humano necesita, anhela, no puede vivir feliz sin amor incondicional. *Necesitamos* saber que se nos ama con un amor que no se desvanecerá, no se debilitará y que nunca nos abandonará. Pero como hijos del divorcio, la vida nos ha hecho temer que esa clase de amor simplemente no exista. Y yo estoy aquí para decirle que esa clase de amor *sí* existe. Es real y proviene del Dios que nos creó. Tenemos que comprender esta verdad, aferrarnos a ella y no dejarla ir jamás, así como Él jamás nos dejará ir.

Cuando aceptemos la realidad del amor de Dios, permitamos que Él llene el hueco enorme que tenemos en nuestros corazones, el amor nos empezará a revocar la maldición. Entendiendo que somos amados con un amor que nunca nos abandonará, nunca traicionará nuestra confianza, y nunca nos decepcionará; sentiremos cada vez menos necesidad de enfadarnos, de discutir, de procrastinar, de tomar malas decisiones en una búsqueda desesperada de amor, y así sucesivamente.

No estoy diciendo que todo eso suceda de la noche a la mañana, recuerde el principio de cambios de dos grados. Pero a través del tiempo, mientras aprendemos a disfrutar del amor de Dios, tendremos cada vez menos tendencia a vivir como alguien bajo maldición.

Cuando aceptamos el amor de Dios y le pedimos Su ayuda, Él responde.

Al mismo tiempo, el *amor* de Dios no sólo ayuda a revocar la maldición, sino que también lo hace Su *poder*. Déjeme explicarle.

Cuando aceptamos el amor de Dios y le pedimos Su ayuda, Él responde. Acuérdese del versículo mencionado en el cual se nos invita a que le demos todas nuestras ansiedades a Él. En otro versículo vemos un ejemplo histórico de Su amor y poder combinándose para coartar una maldición literal.

El pueblo de Israel, habiéndose escapado de la esclavitud en Egipto, estaba a punto de entrar a la tierra prometida por Dios. Es comprensible que a la gente que ya estaba viviendo allí (conocida como los amonitas y los moabitas), no le gustó mucho la idea. Pero ellos también habían oído las historias acerca de las conquistas anteriores del pueblo de Israel cuando iban saliendo de Egipto, así que sus líderes decidieron que necesitaban más ayuda de la que sus propios ejércitos podían proveer para vencer a la invasión de Israel. Ellos necesitaban ayuda espiritual infalible.

Así que esos líderes mandaron a buscar a un hombre llamado Balán. Este tenía la reputación de estar conectado a Dios. Si Balán bendecía a alguien, usualmente esa persona quedaba bendecida por Dios. De la misma manera, si Balán maldecía a alguien, normalmente esa persona quedaba maldecida por Dios. Esos líderes le dijeron a Balán: Maldice a Israel y nosotros te vamos a pagar bastante bien.

Bueno, Balán fue y trató de maldecir a Israel en cuatro ocasiones. Pero cada vez sólo pudo decir lo que Dios quería que Él dijese sobre Israel, ¡lo cual eran bendiciones! Los líderes, y en especial el rey Balac de Moab, se enojaron con Balán y le dijeron que empacara sus cosas y que regresara a su casa.

Luego Moisés, el líder de Israel, le recordó al pueblo ese incidente, y les explicó exactamente qué fue lo que sucedió: «Emplearon a Balán... para que te maldijera. Sin embargo, por el amor que el Señor tu Dios siente por ti, no quiso el Señor escuchar a Balán, y *cambió la maldición en bendición*».[16]

¿No es eso asombroso? Lo que Balac y sus líderes quisieron que fuera una maldición para Israel, Dios por Su poder y por Su amor, lo transformó en una bendición.

Así mismo, Dios quiere y puede cambiar la maldición bajo la cual nosotros los HADD hemos vivido, en una bendición.

Él nos ama, Él le ama a usted, lo suficiente como para hacer eso por nosotros.

Lo que es más, el poder de Dios puede fortalecernos internamente para hacer lo que sabemos que tenemos que hacer en un momento determinado. Cuando no queremos apagar el televisor; cuando estamos a punto de empezar otra discusión; cuando queremos echarle la culpa a otra persona por algo que salió mal, podemos pedirle y recibir Su ayuda para hacer lo más saludable.

Leemos en las Escrituras: «Pues Dios es quien produce en ustedes tanto el querer como el hacer para que se cumpla Su buena voluntad».[17] Él nos fortalece tanto en el *deseo* de hacer lo correcto, como en nuestra *habilidad* para realmente ponernos de pie y hacerlo.

Y otro versículo nos dice: «Todo lo puedo en Cristo que me fortalece».[18] Todo lo que sabemos que es bueno y correcto, algo que Él quisiera que nosotros hiciéramos, Él nos dará el poder para hacerlo.

La pregunta es entonces, ¿Se volverá usted a Dios y dependerá de Su amor y de Su poder para ayudarle a revocar la maldición en su vida?

REVOQUE LA MALDICIÓN Y ROMPA EL CICLO

Para romper el ciclo del divorcio en nuestras familias, para forjar matrimonios fuertes, necesitamos revocar la maldición bajo la cual hemos estado viviendo como hijos del divorcio. Usar los principios de este capítulo, y especialmente depender del amor y del poder de Dios, hará mucho por ayudarnos a lograr esa meta.

Como veremos en el próximo capítulo, tener un modelo a seguir también puede ser una tremenda ventaja en nuestra búsqueda de matrimonios fuertes y duraderos.

PREGUNTAS PARA REFLEXIONAR Y PARA APLICARLAS

1. ¿Cuáles de los principios o estrategias ofrecidas en este capítulo, cree usted que le será de ayuda inmediata? ¿Por qué?

2. ¿Qué acción puede hacer para empezar a poner esa estrategia en práctica?

3. ¿Cómo describiría su relación con Dios? ¿Está buscando Su ayuda regularmente, o está tratando de vivir (y de hacer que su matrimonio funcione, si está casado) por sí solo o por sí sola?

Capítulo 6

EL PODER DEL EJEMPLO

De tener la esperanza de que seguramente, de alguna manera, podría tener más éxito que mis padres en cuanto al matrimonio, pasé a creer firmemente que esto iba a ser realidad. A pesar de que estaba viviendo bajo la maldición del divorcio de mis padres, yo podía e iba a tener un matrimonio sólido.

A través de todo este libro, he hecho la observación de que una de las formas en que los hijos adultos del divorcio (HADD) están bajo maldición es que el modelo primario del matrimonio que han visto —en muchos casos el *único* ejemplo—, es el del fracaso. La única imagen que tienen es la que dice que el matrimonio no dura.

A la inversa, los hijos adultos de familias intactas y saludables disfrutan de la ventaja de experimentar que el compromiso marital puede ser y es duradero. Ellos disfrutan de la bendición de *saber*, por experiencia propia, que aun cuando haya conflicto en el hogar, la relación puede sobrevivir y hasta puede florecer en vez de fallecer.

Como HADD, yo debí haber sido maldecido por no tener un modelo de un matrimonio ideal. Pero por la gracia de Dios, en vez de eso fui bendecido con no sólo uno, sino dos ejemplos poderosos de amor y de compromiso duradero. Déjeme decirle acerca de ellos y luego exploraremos los detalles específicos de cómo tales ejemplos pueden hacer un impacto dramático en la vida de un HADD.

Mi historia

El primer modelo extraordinario de amor y compromiso que Dios me dio fue mi mamá, Zoa Trent. Como ella se divorció dos veces y fue una madre soltera la mayor parte de su vida, quizás usted se esté preguntando cómo fue que ella me ayudó a creer en la permanencia del matrimonio. Aquí está cómo lo hizo:

En una palabra, mi madre fue una *gran* mamá. Ella nos amaba a mí y a mis dos hermanos incondicionalmente, y nosotros, bueno, especialmente yo, pusimos ese amor a prueba muchas veces. Cuando yo me enojaba porque mi papá no quería ser parte de nuestras vidas, ella nunca se dio por vencida, nunca aceptó la idea de que yo era un caso perdido.

Cuando éramos adolescentes, mi hermano gemelo y yo regresábamos a casa después de una noche de paseos con nuestros amigos, y ella se quedaba despierta esperándonos. Por su cariño y aceptación, estábamos ansiosos de meternos en su cama, uno en cada lado, y contarle dónde habíamos estado y qué es lo que estábamos pensando.

Algunas veces durante los fines de semana, regresábamos tarde en la noche. Pero cada vez que le preguntábamos si estaba bien que entrásemos a su cuarto, ella decía: «Yo siempre voy a tener tiempo para dormir, pero no siempre los tendré a ustedes para conversar».

Como verá en el próximo capítulo de este libro, mi mamá también se salía *mucho* de su zona de comodidad para satisfacer las necesidades de sus hijos. Ella daba pasos pequeños para ayudar, y dio algunos pasos grandes lo mejor que pudo. A través de los años, he conocido a muchas madres solteras dedicadas y maravillosas, pero a mi juicio, nadie sobrepasa a Zoa Trent.

Ahora, la razón por la cual usted necesita saber todo eso es por lo siguiente: Aunque sus dos matrimonios fracasaron, mi mamá nunca dejó de creer en esa institución como Dios la diseñó. Especialmente después que se hizo cristiana (lo cual pasó después de sus divorcios), desarrolló una convicción profunda de que Dios quiere que el matrimonio dure toda la vida y que con Su ayuda, eso no sólo es posible sino que es normal.

Y por la forma en que ella fue un modelo de amor y compromiso para nosotros, mis hermanos y yo no teníamos ningún problema para confiar en ella cuando nos hablaba de tales cosas.

Sin poder ver regularmente un ejemplo de éxito marital, es difícil tener esperanza.

No veíamos el ejemplo de un matrimonio saludable cada día. Pero estábamos viendo la clase de amor sólido como una roca, totalmente confiable y tenaz que ella nos dijo que un día caracterizaría a nuestros matrimonios. Estamos viendo la clase de compromiso que dice: «Pase lo que pase, tú siempre serás mío y yo siempre seré tuya». Así que tuvimos la confianza de que algún día nosotros también podríamos disfrutar de tal compromiso con nuestras esposas.

El segundo modelo extraordinario que Dios me dio fue un hombre llamado Doug Barram. Doug era el líder de Young Life en nuestra escuela secundaria, así que empecé a verlo en mi primer año de la secundaria. Mi hermano gemelo y yo éramos jugadores de fútbol americano, y Doug fue una de las pocas personas que no sólo venía a los juegos sino a las *prácticas* también. Él gritaba palabras de ánimo cuando hacíamos unas jugadas o cuando trotábamos frente a él camino a los vestuarios. (Él era un hombre grande que medía un metro ochenta y pesaba aproximadamente cien kilogramos, y que también había jugado fútbol americano anteriormente.)

Doug se aprendió mi nombre rápidamente y parecía estar genuinamente entusiasmado cada vez que nos encontrábamos. Siempre estaba dispuesto a hablar de cualquier cosa que nosotros los adolescentes quisiéramos conversar, y nos invitaba a pasarla en su casa con su familia.

En la casa de Doug, vi de cerca por primera vez a un matrimonio fuerte. Obviamente, este hombre adoraba a su esposa; se veía por la manera en que él la miraba, le hablaba, la besaba y la ayudaba. Y se podía ver que ella sentía lo mismo hacia él. Esta es la clase de esposo que yo quería ser, a su debido tiempo.

Él claramente amaba a sus hijos, jugaba con ellos, luchaba con ellos, hablaba con ellos, oraba con ellos y los acostaba por las noches. Así que en eso también era el modelo de padre que yo necesitaba ver.

Viendo a Doug Barram relacionarse con su familia, yo era como una esponja absorbiéndolo todo. Esta era la vida familiar que anhelaba tener, y de la cual antes solamente había oído hablar.

Me encantaba tanto estar con ellos que le cortaba el césped cada semana sólo para tener una excusa de estar allí. (Yo le hubiera pintado su casa y le hubiera puesto un techo nuevo también, si lo hubiese necesitado.)

En este modelo, las palabras de mi madre en cuanto a lo que el matrimonio debería ser, se hicieron realidad. Ella nos brindó una visión; Doug y su familia la hicieron realidad. Entre los dos, forjé mis expectativas sobre la clase de relación matrimonial que quería edificar algún día.

QUÉ PROVEE UN MODELO

Si usted es un HADD, ¿cuáles son los beneficios que obtendría al encontrar un modelo de un buen matrimonio (o de una pareja modelo), lo suficientemente buenos como para que su tiempo y esfuerzo valgan la pena? Mis modelos me dieron cuatro cosas primordiales, los cuales resumen los beneficios muy bien.

Primero, me dieron esperanza de que el compromiso marital puede *perdurar toda una vida*. Si su única experiencia familiar ha sido que el matrimonio no perdura, que los conflictos conducen inevitablemente a la muerte de una relación, usted necesita esperanza. Necesita alguna razón para creer que las cosas pueden ser diferentes en el futuro, diferentes para usted y su cónyuge.

No obstante, sin ver un ejemplo de éxito marital regularmente, tal esperanza será muy difícil de obtener. Su marco de referencia todavía estará restringido a escenas de fracaso.

Un modelo como Doug Barram expandió mi marco de referencia. Vi que los matrimonios fracasados no son los únicos que existen. Que el matrimonio no sólo puede sobrevivir, sino que puede ser maravilloso. Que lo que mi madre dijo sobre cómo el compromiso matrimonial debía durar toda la vida es cierto.

Segundo, mis modelos me dieron la expectativa de que el compromiso perdurará *toda la vida*. Una vez que tenga la esperanza de que el matrimonio puede perdurar, tiene que progresar a la expectativa de que *así será*. Aunque antes sólo haya visto fracaso marital, su nueva idea de lo que es normal debe ser ahora la de un matrimonio saludable y próspero.

El impacto que tiene el divorcio de los padres sobre las expectativas de los HADD es tan poderoso que un investigador observó que hoy en día la gente joven tiende a entrar a un matrimonio «en un estado profundo de negación».

Sin embargo, nuevamente, el aliento y el ejemplo de mi madre, además de la relación sólida entre Doug Barram y su esposa, al fin y al cabo desarrollaron en mí una expectativa positiva. De tener la esperanza de que seguramente, de alguna manera, yo podría tener más éxito que mis padres en cuanto al matrimonio, pasé a creer firmemente que eso iba a ser realidad. A pesar de que estaba viviendo bajo la maldición del divorcio de mis padres, yo podía e iba a tener un matrimonio sólido.

Tercero, mis modelos me dieron ejemplos de maneras saludables de cómo relacionarme, costumbres diarias que forjan el matrimonio. Las relaciones usualmente se deterioran porque, por varias razones, la gente involucrada simplemente deja de hacer las cosas positivas que mantienen el lazo fuerte; como ayudarse el uno al otro. Decir «te amo». Poner un brazo alentador sobre el hombro de un ser querido desalentado. Complacer los deseos del otro lo más frecuente posible.

«Estamos cautivados por la idea romántica del matrimonio y cegados a la realidad», escribió Pamela Paul, autora de *Gen X* [Generación X]. «Quedamos fascinados con la Cenicienta, pero no con lo incómodo que sería usar zapatos de cristal por los próximos cincuenta años».[1]

En otras palabras, olvidamos lo duro y lo coherente que se tiene que trabajar para vivir «felices para siempre, felices por toda la vida».

*«Quedamos fascinados con la Cenicienta, pero
no con lo incómodo que sería usar zapatos de
cristal por los próximos cincuenta años».*

Bueno, aquí nuevamente, mi madre y Doug Barram no me fallaron. Después de años de observar a Doug y a su esposa Loretta, vi al amor en acción. Vi a mi madre regularmente poner los deseos de sus hijos por encima de los de ella. Y vi a Doug ayudando a su esposa con los quehaceres de la casa y con los niños, y diciéndole «te amo» de varias maneras. Hasta cuando le pedía cosas a la hora de la comida como: «Pásame las zanahorias, por favor», su amor y el respeto que le tiene, brillaban totalmente.

Cuarto, mis modelos me dieron ejemplos de cómo resolver conflictos sin destruir la relación. El conflicto es inevitable, y los HADD tienden a pensar que inevitablemente conduce al divorcio. Pero en matrimonios saludables, el esposo y la esposa encuentran formas para resolver sus diferencias y hasta quedar más unidos como resultado.

En estas cuatro maneras significativas, mi madre y Doug Barram me enseñaron que, a pesar de mis desventajas como HADD, puedo tener un buen matrimonio. Ellos moldearon mis esperanzas y expectativas, y me dieron las técnicas útiles para forjar relaciones fuertes y duraderas. Sus ejemplos han sido el factor clave en la creación de mi matrimonio.

Encuentre un buen modelo

Si usted es un HADD y no ha sido bendecido o bendecida con ejemplos positivos como los que yo disfruté, ¿dónde puede encontrarlos? Aquí están algunas posibilidades:

Primero, pídale a Dios que le traiga a su vida personas individuales y parejas que le sean modelos de matrimonios saludables. Él cuida de usted y quiere suplir cada necesidad que tenga, incluyendo esta (vea 1 Pedro 5.7).

Segundo, mire a su alrededor. Quizá entre sus familiares haya una pareja que se destaque por un matrimonio fuerte y estable. A lo mejor pueda encontrar tal persona o pareja en su círculo de amigos, vecinos o inclusive donde trabaja. La buena noticia es que aunque la experiencia que tuvo le haya llevado a pensar que el matrimonio como relación muy probablemente fracase, de hecho, existen muchos matrimonios sólidos a su alrededor.

Tercero, uno de los mejores lugares para buscar es en su iglesia. Aunque los matrimonios cristianos o los que están basados en otra religión, no son perfectos, están típicamente entre los más fuertes que usted pueda encontrar.

Las próximas veces que esté en la iglesia, mire a su alrededor antes y después del servicio. Seguramente verá a algunas parejas que demuestran un amor y respeto obvio el uno por el otro y sería bueno que siguiera observando. Hable con su pastor y explíquele lo que usted necesita; tal vez hasta pueda recomendarle a una pareja de casados que le invite a pasar un tiempo con ellos, vea cómo se relacionan entre sí, y hágales cualquier pregunta que tenga.

En resumen, usted está buscando a otra familia como la de Doug Barram. Una pareja que le enseñe cómo tener un matrimonio saludable.

Buenos modelos,
no salga de casa sin ellos

Como HADD, usted enfrenta posibilidades dificultosas al tratar de tener un matrimonio fuerte y duradero. Recordará que al principio de este libro, lo comparé con alguien al que le piden que dibuje un cuadro (de un desierto que está floreciendo) el cual nunca antes había visto en persona ni en fotografía. Casi imposible, ¿verdad?

Bueno, lo que los modelos pueden hacer por usted es pintarle un cuadro. Le pueden enseñar cómo es que debe verse la escena. Ellos pueden demostrar que esta escena no sólo es un producto placentero de la imaginación de otra persona, no es sólo una buena fantasía que ya ha sido removida de las realidades de la vida hace muchos años.

Hay matrimonios buenos y hasta fantásticos. Encuentre uno o dos, e investigue la forma en cómo se ven y cómo trabajan. Y deje que la convicción —de que usted también puede tener tal relación duradera—, empiece a crecer en su corazón.

Preguntas para reflexionar
y para aplicarlas

1. ¿Tiene ya usted por lo menos un modelo positivo de compromiso y de amor incondicional en su vida?

2. Si todavía necesita un ejemplo, ¿dónde podría encontrarlo?

3. ¿Cuáles de los beneficios de un ejemplo fuerte podría demostrar serle de más ayuda? ¿Por qué?

Capítulo 7

SÁLGASE DE LA CARAVANA

*Si digo que voy a hacer algo, y sé que
mi compañero o compañera a la cual le
rindo cuentas va a preguntarme acerca
de eso pronto, y que no va a aceptar
ninguna excusa por no haberlo hecho, mi
motivación es mayor para lograrlo.*

En el capítulo 5, escribí acerca del hecho de que nosotros tenemos el poder de decidir, un poder que tenemos que poner en práctica por siempre si es que vamos a romper el ciclo del divorcio. Ese principio es tan importante que deseo hablar más acerca de eso en este capítulo.

La razón por la cual esto es de gran importancia es porque tomar la decisión correcta *y ejecutarla*, cuando siempre hemos estado acostumbrados a tomar malas decisiones, nos saca muy lejos de nuestra comodidad. Y a nosotros, los seres humanos, nos *disgusta* dejar nuestra comodidad. Pero tenemos que estar dispuestos a hacerlo congruentemente, si es que vamos a forjar y mantener matrimonios saludables.

Déjeme contarle la historia de una mujer que estaba dispuesta a dejar su comodidad y, en el proceso, ayudó a romper el ciclo del divorcio de sus tres hijos.

Mi madre, mi heroína

Después que mi padre abandonó a nuestra familia, dejando a mi mamá como madre soltera con tres hijos, ella dejó su comodidad en tantas maneras para poder satisfacer nuestras necesidades y bendecirnos, que no puedo ni enumerarlas. Pero una de ellas resalta en mi memoria.

Mi madre no es el tipo de las que les gusta disfrutar de la naturaleza a la intemperie. De hecho, esa declaración haría que la mayoría de mi familia soltara carcajadas. Si le dan a escoger, preferiría las amenidades de una vida en la ciudad cualquier día. Es más, no tenía mucho dinero durante esos años para alimentar y cuidar a una familia de cuatro. Nadie la hubiese culpado si, cuando adquiriese un poco de dinero, lo hubiese gastado en su propio placer y comodidad.

Le digo estas cosas para que pueda apreciar lo que pasó un día durante un fin de semana cuando yo era pequeño. Mamá había salido temprano esa mañana en nuestro auto viejo y patético marca Ford Falcon. Ella no nos había dicho a dónde iba. Cuando regresó a casa un poco después, el Falcon venía remolcando una caravana usada, triste y desgastada. Pronto descubrimos que adentro estaban unos utensilios básicos para acampar: una lámpara, una estufa de gas propano, una tienda de campaña y unas linternas, todas bien usadas.

¡Nos íbamos a acampar! Nosotros los varones estábamos contentísimos por la oportunidad. Mamá trató muchísimo de convencernos de que ella también iba, y le creímos en ese entonces. Se las arregló para ahorrar unos cuantos dólares extra, y en vez de gastárselos en ella misma, se los gastó en algo que sabía que nos iba a encantar. Nos fuimos ese mismo día hacia Rocky Point en México, a nuestra primera aventura de campamento. Ahora, entienda que mamá no sabía nada acerca de acampar y, por supuesto, nosotros tampoco. Pero eso no nos detuvo y ni siquiera hizo que nuestro entusiasmo disminuyera.

No obstante, cuando llegamos a nuestra zona de acampar en la costa de México, nos pegó la realidad. No pudimos hacer que la estufa funcionara. Lo mismo nos pasó con la lámpara. No teníamos ni idea de cómo armar la tienda de campaña. Hasta a las linternas se les estaban acabando las baterías. Nos dormimos un poco friolentos y hambrientos. A la mañana siguiente estábamos muy acurrucaditos en la caravana, preguntándonos cuán fabuloso se supone que era acampar. Yo sólo me puedo imaginar lo que mamá estaba pensando, pero me imagino que incluía el deseo de estar en su cama suave y caliente allá en Phoenix.

Todo empezó con una mamá que tomó la decisión de hacer algo que ayudaría a sus hijos a sobrellevar la maldición del divorcio, algo que requería que estuviese dispuesta a apartarse mucho de su comodidad.

Entonces llegó el club de campamento de Cholla Bay. Era un grupo de amigos que les encantaba acampar juntos y lo hacían regularmente. Colocaron su campamento rápidamente e hicieron una fogata agradable, algo que nosotros no habíamos podido hacer. Pronto, uno de los hombres se acercó y nos invitó a que tomáramos café y chocolate caliente con ellos. ¡No nos tuvieron que preguntar dos veces!

Después que nos calentamos, esos campistas profesionales nos enseñaron cómo hacer que la estufa funcionara y cómo cocinar en ella. Cómo encender el farol. Cómo armar una tienda de campaña. Hasta encontraron baterías para nuestras linternas.

Al final de esa semana, cuando se nos estaba acabando el tiempo y todos nos estábamos preparando para irnos a casa, los miembros del campamento Cholla Bay nos invitaron, a la única familia de una madre o padre soltero del grupo, a que nos uniéramos al club. Por el resto de nuestros años formativos, fuimos con ellos a Rocky Point una vez al mes. Fue muy divertido, aprendimos mucho y nosotros los varones tuvimos bastantes ejemplos masculinos positivos.

Y todo empezó con una mamá que tomó la decisión de hacer algo que ayudaría a sus hijos a sobrellevar la maldición del divorcio, algo que requería que estuviese dispuesta a dejar su comodidad.

Se podría decir que estuvo dispuesta a salirse de la caravana para romper la maldición.

Por qué es tan difícil

Todos los humanos somos criaturas de hábito. Nos adaptamos a lo familiar. Aunque sabemos que el cambio probablemente sería mejor para nosotros, luchamos para dar ese primer paso para salir de la caravana. Estamos dejando lo conocido por lo desconocido, y eso da miedo.

En mi libro *Heart Shift* [Cambio de parecer], describo nueve razones por las cuales a la gente le es difícil dar ese primer paso para salir de la caravana. Estas oscilan entre no tener tiempo, a tenerle miedo al fracaso, a tener miedo de perder lo que tenemos ahora, y así sucesivamente. Y son razones comprensibles como para tener reservas en cuanto a iniciar un cambio.

Para los HADD, la dificultad de dar ese primer paso se intensifica. Somos aun más temerosos, más suspicaces, menos optimistas y confiamos menos de lo normal. Aun cuando sabemos que lo que estamos dejando atrás es malo, de todas maneras es difícil entrar en lo desconocido.

Por ejemplo, supongamos que usted tiene el hábito de echarles la culpa a otros por todo lo que le sale mal, lo cual es una manifestación de la maldición. Este libro le ha hecho ver la realidad de que ese no es el caso. Tiene que empezar a aceptar, por lo menos, la responsabilidad de cómo *respondió* usted a las cosas malas que le sucedieron.

Aun cuando sepamos que lo que estamos dejando atrás es malo, de todas maneras es difícil entrar en lo desconocido.

Nuevamente, a cualquier persona normal le es difícil salirse de la caravana y empezar a aceptar esa responsabilidad. Es incómodo. Es grato echarle la culpa a un chivo expiatorio. Pero para usted, como HADD, es más difícil de lo normal aceptar la culpa.

Para empezar, eso requiere que usted admita que estaba equivocado o equivocada acerca de algunas cosas importantes, como cuánto de la tristeza que siente en esos momentos es culpa del padre o la madre que «causó» el divorcio o que se fue de la casa después de la separación. También requerirá que usted perdone al padre o la madre que le hirió más y, créame, yo sé lo dificultoso que esto puede ser. Quizás tenga que pedirle perdón por haberle echado la culpa injustamente todos estos años.

Como si todo eso no fuera lo suficientemente difícil, salirse de la caravana para dejar de culpar a otros requerirá que usted vea honestamente sus propios defectos. ¿Cuánto de su dolor trajo sobre sí mismo o sobre sí misma a causa de sus actitudes, palabras o acciones? ¿Cuáles de sus propios hábitos hacen que a usted le sea difícil establecer relaciones saludables?

No será fácil contestar tales preguntas, pero será necesario.

CAMBIOS DE DOS GRADOS,
SEGUNDA PARTE

La buena noticia, como le expliqué antes en el capítulo 5, es que usted no necesita, ni debería tratar de hacer cambios enormes de la noche a la mañana. Los cambios pequeños en la dirección correcta pueden convertirse, con el tiempo, en correcciones de curso mayores.

Este punto se dio a entender de una forma muy cómica en la película: *What about Bob?* [¿Qué de Bob?] En esta película, Bill Murray fue el actor principal y era un hombre que tenía serios problemas sicológicos. Richard Dreyfuss, que hizo el papel de su terapeuta, le recomendó un método al cual llamó «*Baby Steps*» [Pasos pequeños], el cual era muy similar a la idea de los cambios de dos grados. (De hecho, el terapeuta había escrito un libro titulado: *Baby Steps*. Le dio una copia a Bob e incluyó el costo de esta en su cuenta.)

Lo humorístico de la película salió de los intentos torpes e ingenuos que Bob hizo al tratar de dar esos pequeños pasos de progreso. La situación se pone aun más chistosa cuando el amoroso pero irritante Bob se invita a sí mismo a las vacaciones de verano de la familia del terapeuta.

Aunque la película muestra los esfuerzos de Bob por ser gracioso, lo que logra es progresar un poco a través del curso de la película. Y, como hemos visto, el concepto en sí es completamente válido.

Así que la pregunta viene a ser: ¿Cómo se sentirá salir de la caravana y hacer cambios de dos grados para triunfar sobre cualquiera de
las manifestaciones de la maldición que le está causando problema?
Veamos algunas de las posibilidades.

Suponga que tiende a aislarse de los demás. Tal vez su primer
paso sería hacer una cita con su cónyuge. Si se aleja físicamente en
su propia casa, quizá pueda hacer lo posible por sentarse junto a su
cónyuge una noche, mientras los dos lean o miren juntos la televisión.

Si lucha contra la falsa culpabilidad, su primer paso sería simplemente escribir en una tarjeta: «No soy el o la culpable del divorcio de mis padres». Lleve esa tarjeta consigo y léala varias veces al
día. Leerla usted mismo(a) en voz alta, sería otro paso pequeño en
la dirección correcta.

Si ha estado guardando secretos familiares no saludables, un
primer paso fiable sería escribirlos en un pedazo de papel. Luego
destruya el papel si necesita hacerlo, pero escríbalos otra vez al día
siguiente. (A fin de cuentas, al pedirle a Dios que le dé las fuerzas,
usted querrá enseñarle el papel a alguien en que usted pueda confiar.)

Si tiene tendencia a postergar las cosas por temor, su primer paso
podría ser dividir algo que necesite hacer en partes pequeñas que
pueda cumplir. Sólo escriba las etapas. Un ejemplo simple podría ser
pagar las cuentas. Usted podría escribir: «Juntar las cuentas, la che-
quera y la pluma. Abrir la primera cuenta, ver cuánto debe y escribir

el cheque. Poner el cheque y la factura que tiene que enviar en el sobre, cerrarlo y sellarlo. Ponerle la estampilla». Y así sucesivamente. (Luego resolverá esa primera etapa, lo cual probablemente le dará el impulso para ir a la segunda.)

Si ha estado tomando malas decisiones, su primer paso podría ser preguntarse: «¿Qué lecciones debería haber aprendido de mis errores anteriores?» O podrá preguntarse: «¿Qué errores he cometido que *definitivamente* no quiero volver a cometer?»

De la misma manera, si tiene el hábito de hacer falsos comienzos, podría preguntarse: ¿Por qué esos intentos por hacer algo bueno terminaron siendo tan malos? ¿Cuáles son las lecciones que he aprendido?

Si romper compromisos es un problema para usted, podría empezar a pedirle a Dios que le dé sabiduría acerca de cuáles compromisos debería hacer y cuáles no, cuáles promesas puede usted cumplir y cuáles no. Para animarse, también podría escribir y repasar regularmente: «Soy una persona íntegra. Hago compromisos sabios y cumplo mis promesas».

Si ha tenido la tendencia de culpar a otros por todo lo malo que le sucede en la vida, su primer paso podría ser elaborar una lista de todas las personas a quienes les echa la culpa la mayoría de las veces y las cosas por las cuales son culpables. (Entonces su siguiente paso sería el de analizar, lo mejor que pueda, qué porción del problema equivale a lo que esas personas dijeron o hicieron, y qué porción equivale a la forma en que usted decidió responder a esas palabras o acciones.)

Si tiene problemas con un enojo consumidor, podría empezar identificando alguna forma en la cual usted da evidencia de ese enojo, como yo al señalarles con el dedo acusador a mis hijas. (Luego, también como yo, podría pensar en una forma de hacerse vívidamente consciente de lo que está haciendo y comenzar a controlar ese comportamiento.)

¿Se le hace difícil realmente escuchar a otros? Su primer paso para salir de la caravana podría ser forzarse a esperar a que la otra persona termine de decir lo que está pensando antes de que usted le responda. En otras palabras, no deje a la persona a medias nunca más. O podría empezar a repetirle brevemente a la persona lo que usted entendió que ella dijo, antes de que usted le responda. (Si te escuché correctamente, Joan, te preocupa…)

Supongamos que tiene la tendencia a empezar una discusión en cualquier momento. Podría empezar a forzarse, nuevamente, pidiéndole a Dios que le ayude, a observar esos sentimientos en una conversación o situación dada. Con eso, probablemente comenzará a notar qué es lo que provoca sus emociones, su sentimiento defensivo o la necesidad que tiene de discutir. Otro primer paso podría ser preguntarse, antes de que responda: *¿Por qué esta otra persona piensa o se siente de esa forma?*

Finalmente, si su problema es que sólo ve a Dios como un ser impersonal que no se interesa en usted y que no le importa su dolor, el mejor paso inicial que podría dar sería regresar a esos versículos que están en la última sección del capítulo 5, los que hablan acerca de Su amor y Su cuidado por usted. Luego escríbalos en tarjetas pequeñas que pueda llevar consigo y repasar durante todo el día. Otro primer paso podría ser escribir una lista de todas las cosas *buenas* que Dios ha hecho en su vida. Regrese y añádale otras cosas a la lista después de varios días. Luego revíselas diariamente. No es difícil empezar a hacer cambios pequeños pero importantes. (Por favor, lea el libro: *The 2-Degree Difference* [La diferencia de dos grados], si esta idea de los cambios de dos grados no le ha convencido del todo.)

El valor de rendir cuentas

Anteriormente le hablé sobre el valor que tiene rendirle cuentas a una persona en quien usted confía acerca de los cambios que está tratando de lograr. Pero es necesario que repita el mensaje aquí.

Como dije antes en este capítulo, aun los pasos pequeños en la dirección correcta son difíciles de lograr. Pero la tarea puede volverse inmensamente fácil si no trata de hacerla por sí solo o por sí sola. Su cónyuge, un hermano o una hermana, un amigo o una amiga cercana, un consejero, alguien en quien usted pueda confiar que desea lo mejor para usted y que respete su privacidad, puede ser de gran valor para que vaya dando pasos pequeños que al fin le llevarán a grandes progresos en su vida.

Ese aliado o aliada puede darle ánimo cuando usted se frustre o se desanime. Él o ella también puede ayudarle a analizar las situaciones con más objetividad de lo que podría por su propia cuenta. Y si usted lo permitiera, esa persona puede ayudarle a que se mantenga en el curso correcto mientras hace sus cambios de dos grados.

Lo digo nuevamente: Hay un gran poder que proviene de saber que en uno, dos o tres días tendrá a alguien en quien usted confía que le hará preguntas difíciles. «¿Te detuviste a pensar *por qué* tu esposa te estaba diciendo algo que te pareció irritante antes de empezar una discusión? ¿Te fijaste en tu itinerario y analizaste qué es lo que en realidad podrías hacer antes de establecer nuevos compromisos esta semana? ¿Señalaste con dedo acusador a tus hijas esta semana? Si lo hiciste, ¿les pagaste un dólar en ese mismo instante? ¿Diste el primer paso para preparar tus impuestos esta semana e hiciste la lista de toda la documentación que vas a necesitar?

Ya tiene la idea. Si digo que voy a hacer algo y sé que mi compañero al cual le rindo cuentas me va a preguntar acerca de eso, y no va a aceptar ninguna excusa por no haberlo hecho, estoy mucho más motivado para lograrlo.

Tal vez, saber que alguien le va a preguntar acerca de algo que debería hacer no sea la razón más noble para hacerlo, pero da resultados.

Por tanto, le animo a que encuentre un buen compañero o compañera aun antes de que se salga de la caravana, para así empezar a triunfar sobre esas tendencias que debilitan su habilidad de mantener un matrimonio fuerte. Encontrar a dicha persona no es un paso pequeño, pero aumentará grandemente las posibilidades que tiene de hacer que los próximos pasos que dé sean todo un éxito.

CONFÍE QUE DIOS «SE PRESENTARÁ»

Allá en el capítulo 5, hice referencia a la época —en la historia antigua— en que el pueblo de Israel estaba saliendo de la esclavitud en Egipto e iba a la tierra que Dios les había prometido. Bueno, en otra parte de la historia, ese pueblo estaba a punto de dar un gran paso; estaban a punto de cruzar el río Jordán desde el este al oeste hacia la tierra en que fluía leche y miel.

La vida y la salud implican movimiento. Cuando decidimos movernos, Dios se presenta.

Moisés, su líder, sabía que estaba a punto de morir y que no iba a cruzar el río con el resto de la nación. Así que para preparar al pueblo para que siguiese sin él, les recordó todo lo que Dios había hecho por ellos y acerca de las leyes que había provisto para guiarlos en su diario vivir. Entonces, casi llegando al final de su prolongado mensaje, dijo estas palabras: «Hoy pongo al cielo y a la tierra por testigos contra ti, de que te he dado a elegir entre la vida y la muerte, entre la bendición y la maldición. Elige, pues, la vida».[1]

En el lenguaje hebreo, en el que ese libro bíblico de Deuteronomio fue originalmente escrito, la palabra traducida por *vida* significa «movimiento». Esa es una de las formas en que verificamos si algo está vivo o no, ¿verdad? Si se está moviendo por sus propias fuerzas o no. La vida y la salud implican movimiento.

De la misma manera, como Dios retó a Israel a través de Moisés para que escogieran la vida, para que prosiguieran hacia esa tierra de promesa, obedeciendo Sus estatutos, también nos reta hoy, a nosotros los HADD. Nos llama a que escojamos la vida, a que empecemos a movernos con pasos lentos pero seguros para romper el ciclo del divorcio en nuestras vidas.

Cuando tomamos esa decisión, día a día y hasta momento tras momento, lo más asombroso es que Dios «se presenta» para nuestro beneficio. Nos fortalece para hacer esas cosas que tenemos que hacer, ya sea escudriñarnos a nosotros mismos más honestamente, hablar palabras de bendición en vez de maldecir, dar ese próximo paso pequeño en la dirección correcta, o cual sea la necesidad del momento.

Lo que es más, Dios hace esas cosas que necesitamos pero que no podemos hacer nosotros mismos. En el caso de Israel, separó las aguas del Jordán cuando este estaba en la etapa de inundación para que la gente pudiese cruzar a tierra firme. Les dio victoria tras victoria sobre fuerzas superiores. Hizo que las paredes gruesas y fortificadas de una ciudad poderosa cayeran al suelo. Las Escrituras nos dicen que en una ocasión, ¡hasta hizo que el sol se detuviera lo suficiente como para que la batalla que Israel estaba luchando durante la noche, tuviese una conclusión exitosa!

En nuestro caso, Dios puede cambiar los corazones. Por ejemplo, no sé de usted, pero simplemente no puedo perdonar por completo a alguien que me hirió profundamente. Dios, no obstante, ha puesto esa buena disposición en mi corazón muchas veces.

Él también pudo fortalecer a una madre soltera llamada Zoa Trent que estaba lisiada por la artritis, la cual quería ser un modelo de compromiso para sus hijos, para estar disponible para ellos las veinticuatro horas al día y los siete días a la semana, llevándolos a acampar durante sus años formativos, y hablándoles calmada y amorosamente durante sus años rebeldes de la adolescencia. (A propósito, *Zoa* significa *vida* en griego, y a nadie le cae mejor ese nombre.) Ella escogió vida para sí y para sus hijos, y su actitud —a pesar de su dolor físico—, siempre fue: «¡Tenemos que movernos!»

Dios también puede abrir puertas para triunfar sobre la maldición en nuestras vidas. En el capítulo 6 escribí sobre Doug Barram, el hombre que me presentó a Dios en mis años de escuela secundaria y el que me enseñó el significado de ser esposo y padre. Yo no andaba en busca de esa persona; ni siquiera sabía que necesitaba esa clase de ejemplo amoroso. Pero Dios sabía lo que yo necesitaba y trajo a Doug a mi vida.

Después de que lo conocí mejor, y cuando también finalmente pude conocer a mi papá, que había vivido a sólo veinte millas de distancia todos esos años mientras yo estaba creciendo y nunca se puso en contacto con nosotros, observé más detalladamente los dos ejemplos que me dieron sobre cómo vivir. Y escogí la vida, escogí la bendición. Prometí que cuando llegase el tiempo, con la ayuda de Dios, iba a ser como Doug Barram con mi propia esposa e hijos, y no como mi papá.

Lo que sea que usted necesite para triunfar sobre la maldición y romper el ciclo del divorcio en su vida, le animo a que escoja la vida. Salga de la caravana. Pídale a Dios que le ayude. Y búsquelo anhelando que se presente, dándole el poder para que pueda hacer su parte y para hacer *por* usted esas cosas que están fuera de su alcance.

Él es un Dios grande. Un Dios que hace milagros. Y le ama.

PREGUNTAS PARA REFLEXIONAR
Y PARA APLICARLAS

1. ¿Qué es lo que se requeriría de usted si saliera de la caravana y enfrentara su más problemática manifestación de la maldición?

2. ¿Cuál sería su primer cambio de dos grados al lidiar con esa manifestación?

3. ¿A quién podría rendirle cuentas al dar sus primeros pasos en la dirección correcta?

4. ¿Qué es lo que necesita que Dios haga, que usted no puede hacer?

Capítulo 8

IMPACTE A LAS GENERACIONES FUTURAS

Quizás los niños no le hagan preguntas difíciles acerca de cómo está viviendo (pero tal vez lo hagan), pero nunca olvide que ellos le están observando, escuchando y aprendiendo de cada movimiento que haga cada día.

Nosotros como seres humanos, absortos en las rutinas diarias de la vida, tenemos la tendencia a preguntarnos algunas veces si lo que estamos haciendo realmente cuenta. En el mundo del trabajo, ¿tan sólo somos una pieza más en el engranaje del negocio? Si tenemos hijos, ¿se dan cuenta de todo lo que hacemos por ellos, o tan siquiera lo aprecian? ¿Todas nuestras esperanzas y nuestros esfuerzos tendrán un impacto duradero?

Bueno, yo soy testimonio vivo de que: (a) el divorcio es una maldición generacional y, por tanto, (b) si puede romper el ciclo del divorcio, lo haga no sólo por usted mismo, sino también por sus hijos, sus nietos y hasta por las generaciones en un futuro distante.

¿Qué le parece esto en cuanto a tener un impacto duradero?

La razón por la cual soy evidencia de *a* y de *b*, es porque tuve una mamá increíble que rompió el ciclo del divorcio para mis hermanos y para mí. Por lo que dicen todos, nuestros matrimonios y nuestras vidas en general debieron haber sido muy turbulentos. El que lo hayamos hecho tan bien es un tributo al hecho de que nuestra madre escogió la vida y la bendición, y nos las pasó a nosotros.

El principio que ella nos enseñó fue que
el matrimonio debía ser un compromiso
permanente y de por vida.

Déjeme recordarle con las palabras de Elizabeth Marquardt (que es una HADD) en su libro *Between Two Worlds* [Entre dos mundos], la experiencia común que tienen muchos de nuestros compañeros HADD: «El divorcio de nuestros padres está relacionado con nuestros más grandes índices de depresión, pensamientos e intentos de suicidio, problemas de salud, abuso sexual durante la infancia, el no completar los estudios, el no querer ir a la universidad, arrestos, adicción, embarazos durante la adolescencia y más… Algunos continuamos luchando con las cicatrices que el divorcio de nuestros padres nos dejó: Nos es más difícil terminar la escuela, conseguir y mantener trabajos, mantener relaciones y tener matrimonios duraderos».[1]

Nuevamente, el hecho de que mis hermanos y yo nos evitamos la mayor parte de ese dolor, se le acredita a nuestra madre. Déjeme decirle más acerca de ella.

El legado de una madre soltera

Mi mamá se divorció dos veces antes de descubrir y aceptar el amor que Dios tenía por ella. Después de eso, al ir leyendo la Biblia y aprendiendo Sus principios para vivir, no sólo los puso en práctica en su propia vida, también se los enseñó a sus hijos. Y uno de ellos fue que el matrimonio debía ser un compromiso permanente y de por vida.

Como lo dije anteriormente, debió haber sido extraño oír que una mujer que se divorció dos veces enseñara acerca de la firmeza del matrimonio. Pero el compromiso que ella tenía con nosotros era tan sólido como una roca, tan claramente incondicional, que nunca dudamos de la certeza de lo que decía o de que tal relación era posible. Después de todo, ella fue un ejemplo de esa clase de amor diariamente.

Fue a todos nuestros juegos de fútbol, de béisbol y a nuestros combates de lucha libre. Hasta con sus manos lisiadas severamente por la artritis, lavó nuestros uniformes y les sacó el sudor, la sangre y las manchas. Nos llevó a la biblioteca, donde deambulábamos libremente mientras ella buscaba libros que le ayudaran a forjar una carrera y luchar contra la agobiante enfermedad. Ella oraba por nosotros todos los días, a menudo con lágrimas en sus ojos durante los años turbulentos de la adolescencia de Jeff y los míos.

Ella nos enseñó cómo ser hombres y no sólo hombres sino *caballeros*. Siempre esperaba lo mejor de nosotros y perdonaba lo peor. Ella no podía hacer una corbata ni abotonar un abrigo, ni siquiera podía darnos nalgadas cuando nos portábamos mal. Pero cuando ponía gentilmente su mano sobre la mía y me hablaba de su preocupación en cuanto a mi conducta, sus ojos me partían el alma y no quería desilusionarla más. (Claro que lo hice muchas veces.)

Nunca habló negativamente acerca de nuestro padre, tampoco. Nunca lo culpó por habernos abandonado, nunca habló pestes de él en cuanto a nuestros problemas económicos.

¿Ha empezado a ver cómo vencemos los obstáculos?

Hemos visto las clases de actitudes, palabras y comportamientos que destruyen un matrimonio. Estamos luchando, inclusive ahora, para vencer esas mismas tendencias.

Mi hermano gemelo, Jeff, y yo, en vez de no completar nuestra escuela, conseguimos nuestros doctorados. Él se convirtió en investigador para la cura del cáncer, y yo me convertí en consejero, orador y escritor. Nuestro hermano mayor, Joe, entrena a los agentes de propiedad inmobiliaria para que sean excepcionales en servir a otros.

En cuanto a nuestros matrimonios, yo he estado casado por veintiséis años con Cindy, la mujer más excepcional que he conocido, además de mi madre, y seguimos en pie. Dee, la esposa de Jeff, está luchando contra la esclerosis múltiple, y aun así se han amado mucho por más de treinta años. Joe sí se divorció (después de veinte años), pero ha crecido tanto en lo espiritual como en su madurez desde ese entonces. Ahora ya lleva diez años de casado en un matrimonio sólido que sigue en pie, utilizando lo que nuestra madre nos enseñó.

El impacto que podemos tener

Cuando rompemos el ciclo del divorcio y edificamos matrimonios fuertes y estables, les ahorramos a nuestros propios hijos el sufrimiento y el dolor del divorcio, y mejoramos grandemente las posibilidades de que los hijos de ellos tampoco sufran. Les pasamos bendiciones en vez de maldiciones. Les ayudamos a que sean mucho más saludables y felices que los hijos del divorcio.

Como HADD, por haber experimentado la maldición y porque decidimos revocarla cada día, también podemos darles a nuestros hijos el beneficio de nuestro propio pasado doloroso. Hemos visto las clases de actitudes, palabras y comportamientos que destruyen un matrimonio. Estamos luchando, inclusive ahora, para vencer esas mismas tendencias. Con franqueza amorosa, de acuerdo a sus respectivas edades, podemos guiar a nuestros hijos a establecer relaciones saludables y a evitar las costumbres destructivas.

Por la forma en que tratamos a nuestros cónyuges y a nuestros hijos, también podemos ser para ellos la clase de ejemplo que mi mamá y Doug Barram fueron para mí. Podemos enseñarles:
- Cómo comunicarse abierta y sinceramente
- Cómo ser proactivos y tomar la iniciativa
- Cómo tomar buenas decisiones

- Cómo poner las necesidades de los otros antes que las
nuestras
- Cómo hacer y cumplir los compromisos
- Cómo pedir y ofrecer el perdón
- Y cómo relacionarse con un Dios amoroso y ser
fortalecidos por Él.

Además de proveer esta clase de ejemplo a nuestros propios hijos y a otros miembros de la familia (como sobrinas y sobrinos), tal vez podríamos buscar a otros hijos del divorcio que como yo y Doug, se beneficiarían de una ilustración viva de una edad adulta saludable. Estos pueden ser los amigos de nuestros hijos, niños en los mismos equipos deportivos en que están nuestros hijos, o niños que asisten a nuestras iglesias.

El objetivo

Elizabeth Marquardt capta bien el objetivo aquí: «Muchos soñamos tener una familia completa, que no sea destruida por el divorcio, una familia en la que nuestros hijos nunca ni siquiera piensen acerca del concepto de un hogar, porque felizmente lo dan por sentado… Cuando tenía poco más de veinte años, no podía imaginar un futuro para mí, pero ahora veo uno brillante con esperanza.

«Amar a nuestros hijos no es suficiente. Aunque sea difícil, como lo sé yo, nosotros los padres también debemos hacer todo lo posible para amar y perdonarnos *mutuamente*, cada día… Hacemos esto para mantener nuestras familias intactas y que duren toda la vida, no sólo por nuestra felicidad, sino también por la de ellos».[2]

> *Pregúntese todos los días: «¿Qué clase de legado*
> *les dejaré a mis hijos?»*

A esa perspectiva sólo añadiría que nuestro propio poder para amar y para perdonar es limitado; el verdadero poder viene de Dios. Pero el bienestar de nuestros hijos y los de ellos, es el objetivo primordial.

Permítame animarle entonces a que se pregunte cada día: «¿Qué clase de legado les estoy dejando a mis hijos?» O si no tiene hijos, «Basado en la forma en que estoy lidiando con los efectos de ser un hijo o hija adulta del divorcio, ¿qué impacto hago en aquellas personas que están alrededor de mí? Si mis sobrinas, sobrinos u otros jóvenes me están observando, ¿qué lecciones están aprendiendo de mi ejemplo?»

Cuando lo piense, esta es otra forma de rendir cuentas. Quizás los niños no le hagan preguntas difíciles en cuanto a cómo está viviendo (aunque tal vez lo hagan), pero nunca olvide que le están observando, escuchando y aprendiendo de cada paso que usted da, cada día.

En resumen, su vida y la manera en que trate las duras realidades que enfrenta un HADD, impactará a las futuras generaciones. La única pregunta es qué clase de impacto será.

Y la respuesta a esa pregunta está en sus manos.

PREGUNTAS PARA REFLEXIONAR
Y PARA APLICARLAS

1. Además de usted y su cónyuge, ¿el futuro de quién sería más afectado por el éxito o el fracaso de su matrimonio? ¿Su propio hijo o hija? ¿Un hermano o una hermana? ¿Sus hijos futuros?

2. ¿Qué le dice la historia de mi madre en cuanto al impacto potencial que tiene un padre, hasta uno soltero, en un hijo o una hija del divorcio?

3. En sus propias palabras, ¿qué espera usted que sea su legado en el área de las relaciones personales?

Capítulo 9

SI YA SE DIVORCIÓ

*Tenemos que aprender del pasado, pero
no debemos convertirnos en esclavos de él.
Es hoy y mañana cuando podemos hacer
cambios positivos, hoy y mañana que el
Señor nos ha dado para hacer esas cosas
que forjarán un matrimonio fuerte.*

Tal vez haya leído hasta este punto, o saltó algunas páginas al ver este capítulo en la tabla de contenido, y esté pensando: *Esta idea de romper el ciclo del divorcio suena bien y todo, pero ya me divorcié. Siendo realistas, ¿no es muy tarde para mí? Estoy en medio del ciclo del divorcio, tal y como lo hicieron mis padres antes que yo.*

La respuesta rotunda es que *no*, no es muy tarde para usted. Y *sí*, aún puede romper el ciclo del divorcio.

No importa lo que le haya sucedido en el pasado, o las malas decisiones que hizo, usted puede empezar de nuevo hoy. Con la ayuda de Dios, puede dejar su pasado atrás y comenzar a dar pasos sabios y saludables en la dirección correcta. Se ha convertido en un cliché, pero hoy realmente es el primer día del resto de su vida, y su futuro puede ser mucho más brillante que su pasado.

El Dios de las
segundas oportunidades

El libro bíblico de Lucas, capítulo 15, incluye una de las historias más extraordinarias de todas las Escrituras. Es un relato que Jesús contó y que parece estar dirigido directamente a las personas que necesitan una segunda oportunidad, personas como usted y yo.

No importa lo que le haya sucedido en el pasado, o las malas decisiones que hizo, usted puede empezar de nuevo hoy.

La historia se centra en un hombre joven, su hermano mayor y, en medio de todo, su padre. El joven, llamémosle Tomás, se estaba sintiendo retozón, como solían decir nuestros padres, con muchas ansias de salir y «ver el mundo», para satisfacer sus apetitos. Para financiar su aventura, fue a donde su padre y le dijo: «Papá, dame lo que me toca de la herencia».[1]

Ahora, como la herencia de una familia generalmente no se dividía sino hasta que el patriarca muriese, Tomás esencialmente estaba diciendo: «Papá, cómo me gustaría que estuvieses muerto. Pero dame mi porción del dinero de la familia sin que yo tenga que esperar a que eso suceda».

Cuando su padre gentilmente le concedió su pedido —a pesar de su falta de respeto—, «el hijo menor juntó todo lo que tenía».[2]

Empacó todas sus posesiones, porque se iba y no tenía intenciones de regresar jamás. Él se estaba separando completamente de su padre (y del resto de la familia).

Entonces Tomás «se fue a un país lejano».[3] Su objetivo: Estar lo más lejos posible de su padre. Eso no sólo era cierto físicamente, sino también moral y espiritualmente. Apenas este miembro imprudente del jet set llegó a aquel país lejano, empezó a gastar su dinero como si el mañana no existiera en «su vida desenfrenada» (licor, mujeres de la calle, y en quién sabe qué más).

Sin embargo, el joven quedó muy desilusionado porque el mañana llegó y rápidamente. El dinero pronto se acabó junto con todos sus amigos de parranda. Ahora Tomás estaba sin un centavo, sin techo, sin amigos, y todavía andaba despistado.

El que su patria adoptiva sufriese una depresión económica severa al mismo tiempo, no ayudó para nada. Le fue difícil encontrar trabajo. El único que pudo conseguir fue el de atender a una manada de cerdos, ¡y hasta los cerdos estaban comiendo mejor que él!

¿Qué podía hacer? Había cortado toda comunicación con su familia y se burló de los valores de su padre. El diccionario de esos tiempos pudo haber puesto su foto para ilustrar «malas decisiones». En este punto, él no merecía nada de su padre excepto desprecio y condena.

Aun así...

Nuestro joven playboy sabía lo suficiente sobre su padre para tener un rayo de esperanza de que quizá, sólo quizá, papá le demostraría suficiente misericordia como para que le dejara ser uno de sus sirvientes. Ser restablecido como un hijo, eso no podría comprenderse. Pero los sirvientes en la casa de su padre comían muy bien, y eso se veía bien comparado a compartir las cáscaras de las semillas con los puercos.

Así que el joven Tomás se fue, a la casa de su padre, practicando el discurso con el que tenía la esperanza de obtener acceso a los cuartos de los sirvientes. Estaba desesperado porque su padre le diera una segunda oportunidad. Si su padre estaba de mal humor, no habría ninguna otra opción.

Ahora, aquí es donde la historia empieza a ponerse interesante para nosotros, los que necesitamos una segunda oportunidad.

Aun cuando Tomás estaba a una gran distancia de su casa, y sólo era un puntito en el horizonte, su padre lo vio. Lo cual significa que este lo estaba *buscando*. Un vistazo a la dirección correcta no hubiese bastado; el papá estaba *forzando* la vista para ver al joven. Tal vez se había subido en la colina más alta de su propiedad; a lo mejor había construido una torre sobre esa colina. Él *anhelaba* ver a su hijo otra vez, y rehusó perder la esperanza de que algún día el joven regresara a casa.

Así que cuando vio a Tomás, el padre corrió hacia él. Cuando lo encontró, extendió sus brazos sobre él y lo besó. Tomás empezó a darle su penoso discurso, pero el padre lo interrumpió y ordenó a sus siervos: «¡Pronto! Traigan la mejor ropa para vestirlo. Pónganle también un anillo en el dedo y sandalias en los pies. Traigan el ternero más gordo y mátenlo para celebrar un banquete».[4]

Y luego siguieron unas palabras que tuvieron que haberle llegado a Tomás a lo más profundo de su ser: «Porque este hijo mío estaba muerto, pero ahora ha vuelto a la vida», dijo el padre. «Se había perdido, pero ya lo hemos encontrado».[5]

El padre dijo tanto con tan pocas palabras. Dijo que a pesar de la rebelión de Tomás, a pesar de que despreció todo lo que su padre representaba, y a pesar de despilfarrar la mitad de la fortuna de la familia, todo le había sido perdonado. Y a pesar de lo que el joven se merecía, como mucho una posición de sirviente, el padre estaba restaurándolo a la categoría de hijo con todos sus beneficios.

Tomás había sido aceptado nuevamente como parte de la familia, borrón y cuenta nueva, un nuevo comienzo. ¡No sólo eso, sino que el padre hasta celebró una fiesta en su honor para darle la bienvenida a casa!

La buena noticia para nosotros es que Jesús, al contar esta historia, estaba claramente diciendo que este padre misericordioso, amoroso, perdonador, que concede una segunda oportunidad, es la verdadera imagen de Dios, el Padre celestial. Jesús dijo que Dios nos ama, anhela estar con nosotros y nos perdona tal y como el padre de la historia.

Y no importa cuán grandes errores hayamos cometido, aun si le dimos la espalda a Dios, Él está listo para correr hacia nosotros y ofrecernos esa segunda oportunidad tan pronto nos vea volteándonos hacia Él.

Definitivamente que estas son buenas noticias. Y si usted ya se divorció, le animo a que le dé gracias a Dios y acepte esa esperanza. El Dios del universo anhela darle una segunda oportunidad.

Ellos lo hicieron y usted también lo puede hacer

Así como muchos de los HADD, han roto el ciclo del divorcio que sus padres y abuelos empezaron, también es cierto que muchos que lo han experimentado por sí mismos, han aprovechado la ventaja de la segunda oportunidad y han forjado matrimonios sólidos. Usted puede hacer lo mismo.

Haber pasado por un divorcio de ninguna manera le condena al fracaso marital permanente.

Ya mencioné a mi madre, que se divorció dos veces antes de aprender a confiar en Dios y dejar que Su amor satisficiera su alma. Ella fue un ejemplo de amor incondicional, perdón y compromiso para mis hermanos y yo. Nos pedía cuentas, pero siempre en el contexto de una completa aceptación. Nos dio el fundamento para creer que podíamos tener éxito en el matrimonio, a pesar de su propia historia de fracasos.

Un buen amigo mío se casó mientras estaba en la universidad, llegó a casa un día y la esposa le dio las noticias de que se había enamorado del amigo de él y que lo iba a abandonar. Quedó devastado por el divorcio, lo cual es comprensible.

Pero luego, tuvo una segunda oportunidad para casarse. Conoció a una joven maravillosa, se enamoraron y se casaron. Ahora están casados por más de treinta años y tienen uno de los mejores matrimonios que he visto, con cuatro hijos maravillosos y un sinnúmero de nietos, para añadirle brío a sus años durante la edad madura y la vejez.

También mencioné a mi hermano Joe, que desde que tomó a Dios en serio —cuando ya era mayor de edad—, tal y como lo hizo mamá, se recuperó de su divorcio y ahora ya tiene más de diez años casado, disfrutando de un matrimonio fuerte y vibrante.

Hasta en el mundo de los artistas profesionales, el cual es notoriamente poco saludable para los matrimonios, podemos encontrar ejemplos de personas que han pasado por el divorcio pero luego establecieron uniones duraderas. Por ejemplo, Paul Neuman se divorció una vez antes de casarse con Joanne Woodward, la que es ahora su esposa de casi cincuenta años, en el momento en que estoy escribiendo este libro. El actor y luego Presidente Ronald Reagan, pasó por un divorcio antes de casarse con Nancy, su amada esposa con la cual estuvo casado por más de cincuenta y dos años hasta morir. Y el cantante Johnny Cash también pasó por un divorcio antes de casarse con June Carter, su amada esposa con la cual estuvo casado por treinta y cinco años hasta que ella murió en el 2003.

Lo importante es que haber pasado por un divorcio, aunque haga más difícil mantener el segundo matrimonio, de ninguna manera le condena al fracaso marital permanente. Al igual que muchos lo hicieron, usted puede tener éxito.

Avance hacia el futuro

Hay otro versículo que se aplica bien a aquellos que necesitamos una segunda oportunidad, ya sea por el divorcio o por otra circunstancia lamentable. Es una declaración del apóstol Pablo, que escribió: «Una cosa hago: Olvidando lo que queda atrás y esforzándome por alcanzar lo que está delante, sigo avanzando hacia la meta».[6] Aunque Pablo escribió en el contexto del servicio a Dios, el principio se nos aplica también a nosotros los HADD, que estamos tratando de establecer matrimonios duraderos.

Y el principio es sencillamente este: Tenemos que dejar atrás los errores y las malas decisiones del pasado, y enfocarnos en el futuro.

Claro, esto no significa que nos olvidemos completamente del pasado. Eso no es posible. Pero no permitamos que domine nuestros pensamientos, no importa cuán difícil o doloroso sea. Al contrario, decidamos enfocarnos en el presente y en el futuro. Concentrémonos en esas actitudes y prácticas que ahora sabemos que dan resultado para el éxito en el matrimonio y en la vida en general.

Así que, por ejemplo, si nos hemos dado cuenta de que tenemos el problema de culpar a otros por nuestras deficiencias, no pensemos demasiado en las cosas del pasado y no nos revolquemos en la culpabilidad. Al contrario, preguntemos: ¿Qué cambio de dos grados puedo hacer *hoy* para empezar a vencer esa tendencia? Y también podemos pensar: Si sigo repitiendo este cambio pequeño día tras día, ¿Qué clase de progreso vería en un mes? ¿En seis meses? ¿En un año?

Como otro ejemplo más específico, si solemos empezar a discutir en cualquier momento, pudiésemos enfocarnos en lo siguiente: *Hoy voy a esforzarme en concentrarme en las cosas que aprecio de mi cónyuge y darle cinco halagos sinceros. Y si me doy cuenta de que estoy a punto de discutir, me muerdo la lengua literalmente (con suavidad), para recordar que debo parar de inmediato y que debo controlarme.*

Tenemos que aprender del pasado, pero no debemos convertirnos en esclavos de él. Es hoy y mañana cuando podemos hacer cambios positivos, es hoy y mañana lo que Dios nos ha dado para hacer esas cosas que forjarán un matrimonio sólido.

Comprométase con la permanencia del matrimonio

Un elemento importante para avanzar positivamente hacia el futuro es comprometiéndonos con la permanencia del matrimonio. Nuestros padres no fueron buenos ejemplos en cuanto a esto. Si ya nos hemos divorciado, tenemos mucha más razón para preguntarnos si el matrimonio por toda una vida existe realmente.

No baje de nivel. No se satisfaga con menos.
Comprométase y viva como si lo creyese.

No obstante, en nuestros corazones, sabemos que el matrimonio debe durar. Sabemos que es lo correcto y que es lo mejor para nosotros y para nuestros hijos. Así que decidimos que —a pesar de los fracasos del pasado—, creemos en la firmeza del matrimonio. Es lo que queremos y con la ayuda de Dios, vamos a luchar por ello con todo lo que tengamos. No bajaremos de nivel. No nos vamos a satisfacer con menos.

Entonces, habiendo hecho ese compromiso, vivamos como que lo creemos y estamos totalmente decididos. Cuando los asuntos o problemas salgan a relucir en nuestros matrimonios, no busquemos abandonar la relación. Al contrario, busquemos las maneras de resolver los problemas, juntos, preferiblemente.

Cuando tengamos desacuerdos, quitemos la palabra *divorcio* de nuestro vocabulario por completo. Rehusemos pensar en la noción de que nos iría mejor si estuviésemos solos o con alguien más. Recordemos lo siguiente: *Mi cónyuge es mi compañero o compañera de toda la vida, y no mi enemigo.* Y actuemos de manera congruente con nuestro compromiso.

Una vez, una mujer me dijo con franqueza: «Cuando mi esposo hace algo que realmente me molesta, es fácil irme por lo negativo y empezar a recordar todos los hábitos que me irritan, todas las veces en que me ha decepcionado o me ha herido, y hasta pensar lo bien que me iría si no estuviese con él».

Eso es pensar en el pasado y dejar que le esclavice.

Pero esta mujer continuó diciendo: «Al fin me di cuenta de que esa forma de pensar era completamente inútil. Y, lo que es peor, es que estaba envenenando mi actitud hacia mi esposo. Así que empecé a orar al respecto, y Dios me hizo ver que durante esos tiempos yo tenía que dirigir mis pensamientos hacia una dirección totalmente diferente. Fue allí cuando empecé a darme cuenta del ciclo de ese pensamiento y me decía a mí misma de inmediato: *Estos pensamientos no son buenos y no complacen a Dios.* Y empezaba a pensar en todas las cosas que admiro de mi esposo, su arduo trabajo, su amabilidad (la mayoría de las veces), su cálida sonrisa, su devoción conmigo y con nuestros hijos, y así sucesivamente. Y le pedí a Dios que me perdonara, y que me ayudara a perdonar y a respetar a mi esposo».

Eso es dejar el pasado atrás y actuar de forma coherente con su compromiso matrimonial.

Busque ayuda

Finalmente, si ya se divorció, quizás necesite ayuda de otras personas aun más que los otros HADD. En el capítulo 6 hablé de los beneficios de encontrar ejemplos que le den esperanza, que le animen y que le muestren la forma de resolver conflictos y establecer relaciones saludables. Esos beneficios se aplican aun más cuando usted ya ha pasado por un fracaso marital.

Algunos buenos ejemplos de amor incondicional, aceptación y matrimonio exitoso, podrían hacer una gran diferencia en las perspectivas que usted tiene.

Seamos realistas. Usted ha tenido por lo menos una mala experiencia con la triste y dolorosa ruptura de un matrimonio. Cualesquiera que fueran sus circunstancias exactas, las cosas no funcionaron. Las estadísticas dicen que los segundos matrimonios fracasan aun más a menudo que las primeras uniones. Tal vez tenga más preocupaciones y ansiedades en cuanto a su capacidad de mantener un matrimonio, que alguien que se esté casando por primera vez. Por todas estas razones, algunos buenos ejemplos de amor incondicional, aceptación y matrimonio exitoso, podrían hacer una gran diferencia en las perspectivas que usted tiene.

Además de modelos, tal vez querrá buscar un mentor o una mentora, alguien mayor que usted, de su propio género, que tenga los mismos compromisos con Dios y con la permanencia del casamiento, y que haya tenido un buen matrimonio por un largo tiempo. Podría ser un familiar, un amigo o una amiga, una persona de su iglesia, o inclusive un consejero. Dondequiera que encuentre a esa persona, él o ella podría ser de gran ayuda.

Cuando tenga preguntas, su mentor podrá ayudarle a conseguir respuestas. Cuando enfrente tentaciones, su mentor puede ser la persona a quien usted le rinda cuentas para asegurarse de que tome buenas decisiones y acciones saludables. Cuando se desanime, su mentor puede darle ánimo para seguir adelante, para seguir haciendo lo correcto, y para seguir confiando en que las cosas sí van a funcionar.

Obviamente, para que una relación como esta funcione, su mentor tendrá que ser una persona en quien pueda confiar y alguien que se preocupe por usted. Tendrá que describirle sus pensamientos, sus sentimientos y sus acciones, al igual que el estado de su matrimonio, sincera y francamente. Y tendrá que estar dispuesto a seguir el consejo que le dé su mentor.

Pero, nuevamente, si puede encontrar a esa persona, él o ella podrá serle de gran ayuda para que tenga éxito en su matrimonio.

Recuerde también que el Dios que nos otorga segundas oportunidades, también quiere ser parte activa y ayudarnos a aprovechar esas oportunidades. Si estamos tratando de mantener nuestros matrimonios de una forma que le honre a Él, podemos pedirle Su sabiduría y fortaleza en nuestro diario vivir, como mi amigo, del cual hablé anteriormente.

Así mismo, podemos encontrar aliento y sabiduría en las Escrituras. Allí podemos hallar la seguridad de Su amor y de Su perdón. (Usted querrá leer, de vez en cuando, la historia del hijo pródigo en el capítulo 15 de Lucas.)

También podemos encontrar recordatorios de que Él desea ser una presencia constante para ayudarnos en nuestras vidas. «Nunca te dejaré», leemos; «Jamás te abandonaré».[7]

Y allí también encontramos Su sabiduría para las relaciones saludables. Por ejemplo, en cuanto a la fortaleza que encontramos al aprender de los modelos y de los mentores, leemos: «Más valen dos que uno… si caen, el uno levanta al otro… La cuerda de tres hilos no se rompe fácilmente».[8]

El Dios que dijo que «No es bueno que el hombre esté solo», y que declaró que «por eso deja a su madre y a su padre y se une a su mujer, y los dos se funden en un solo ser»,[9] quiere ver que su matrimonio tenga éxito. Él más que nadie, quiere guiarle, animarle y fortalecerle para que llegue a esa meta.

A cualquier hora del día o de la noche, no importa dónde estemos, nuestro Padre celestial está tan cerca como una oración. Deje que Él se convierta en una parte activa de su vida y sus posibilidades de éxito conyugal aumentarán exponencialmente.

Usted puede tener éxito

Si ya se divorció, espero que este capítulo entero le haya sido de gran aliento e inspiración. Sí, las estadísticas dicen que tiene pocas probabilidades de tener éxito marital. Pero usted puede vencer esas probabilidades. Con la ayuda de Dios, al aplicar los principios de este capítulo y de este libro, usted *puede* tener éxito.

¿Necesita una segunda oportunidad? Hay un Dios que sólo está esperando que usted se voltee hacia Su dirección.

PREGUNTAS PARA REFLEXIONAR
Y PARA APLICARLAS

1. Si ya se divorció, ¿qué significa para usted que Dios esté listo para darle una segunda oportunidad?

2. ¿Cuáles errores del pasado necesita dejar para avanzar a un futuro positivo?

3. Si necesita ayuda adicional para vencer los efectos del divorcio, ¿de dónde puede provenir esa ayuda? Si no le viene la respuesta rápidamente, ¿dónde puede empezar a buscarla?

Capítulo 10

DE LA MALDICIÓN A LA BENDICIÓN

*La gran verdad que puede —más que—
vencer la maldición es que con el poder
de decisión que usted tiene y el poder
de Dios para ayudarle a concretar los
pensamientos, las palabras y las acciones
correctas, usted puede empezar a moverse
hoy mismo en una dirección positiva.*

Al principio de este libro, mencioné que la imagen bíblica de estar «bajo maldición» es la de un arroyo que ha sido represado. Consecuentemente, no fluye agua que dé vida. Y esa es la imagen vívida de la maldición bajo la cual hemos crecido, usted y yo, cuando nos desarrollamos en hogares producto del divorcio.

Sin embargo, como hemos visto en las páginas de este libro, no tenemos que permanecer bajo esa maldición. Siguiendo los principios que hemos explorado aquí, podremos abrir huecos en esa represa y ver que gradualmente se derrumbe por completo, liberando así el flujo de agua fresca y limpia que necesitamos con tanta desesperación.

En el desierto podemos ver la belleza de las flores exuberantes y olorosas, de vivos colores.

Permítame contarle la historia de una mujer a la cual llamaremos Kelly. ¡Hablando acerca de crecer bajo maldición! Si alguna vez hubo alguien que tuvo todas las probabilidades en su contra para establecer y mantener un matrimonio fuerte y saludable, fue Kelly. Su situación es perfecta para ilustrar cuán difícil puede ser la vida para algunos hijos del divorcio.

Kelly creció en una familia en la que sus abuelos estaban divorciados. También sus padres se divorciaron.

No sólo eso, tanto su madre como su padre eran de familias (como de unos seis hijos), en cuyos casos, tres de los hermanos se divorciaron. Uno de los tíos de Kelly, por sí solo, mantuvo una oficina de abogados muy ocupados, ya que se divorció ¡ocho veces!

Kelly fue una de ocho hijos en la familia de sus padres. Todos esos niños crecieron y se casaron. Pero sólo tres de ellos todavía están casados con sus cónyuges originales. Algunos se han casado varias veces.

A través de los años, como se lo podrá imaginar, los hermanos de Kelly tuvieron varios hijos. Muchos de esos sobrinos y sobrinas ya han crecido también y algunos ya se han divorciado.

Puede ver entonces, por qué llamo a Kelly un ícono para ilustrar a los «hijos del divorcio». Es lamentable, pero ese matrimonio comprometido de por vida —«hasta que la muerte nos separe»— no es normal en su familia. No es lo que vio como modelo. Nadie la puede culpar por preguntarse si tal relación es verdaderamente posible.

Y sin embargo…

A pesar de que creció en tales circunstancias, para el tiempo en que escribí este libro, Kelly y su esposo habían estado casados por treinta y un años, con planes de seguir juntos.

¿Ha tenido su relación altas y bajas? Claro que sí. ¿Está libre de problemas y conflictos? Claro que no. ¿Se aman ellos profundamente? ¿Y están comprometidos mutuamente y con su relación, a resolver sus «asuntos» y a enfrentar la vida y los retos, *juntos*? Por supuesto que sí.

Le digo a Kelly que ella es un ícono para ilustrar a los «hijos del divorcio». Y sin embargo, para el tiempo en que escribí este libro, ella y su esposo habían estado casados por treinta y un años, con planes de seguir juntos.

Ellos son, por así decirlo, un arbusto espléndido de rosas rojas en un paisaje mayormente árido.

¿Cómo sucedió eso?

CRECIENDO... JUNTOS

Kelly y su esposo han establecido y mantenido un matrimonio sólido de la misma manera en que usted puede hacerlo, usando los principios y estrategias que hemos discutido en este libro.

Mediante el compromiso con cada uno y con la relación, ellos se han acercado más entre sí a través de los años, en vez de dejar que la maldición de Kelly (de ser una HADD), los separe.

Al igual que usted, ellos tienen el poder de decidir cómo van a responder a lo que sea que la vida les depare. Ellos deciden, día a día, amar, resolver las diferencias, perdonar, reconciliarse cuando es necesario, y poner las necesidades del otro sobre las propias cuando es necesario.

A Kelly se le ha escuchado decir como broma: «¡Si yo no fuese tan terca, con la determinación de hacer que mi matrimonio funcione, nos habríamos divorciado ya varias veces!»

Así como usted lo tiene que hacer, Kelly ha enfrentado sus temores y se ha «salido de la caravana» para lidiar con sus problemas, que son resultado de haber sido una HADD, para así avanzar hacia la sanidad. Ella le diría que aún lucha con las manifestaciones del divorcio. No es fácil, y hasta contar con un buen cónyuge no garantiza que esos problemas se vayan. Nuevamente, es una decisión diaria, a veces de momento a momento.

*Cuando todo con lo que pueden lidiar, aun
Su ayuda, consiste en un paso o dos «fuera de
la caravana» y en la dirección correcta, ellos
confían en que Dios se va a presentar, va a
honrar sus buenas intenciones, y va a hacer por
ellos esas cosas que sólo Él puede hacer.*

Lo que es más, Kelly y su esposo han encontrado modelos de quienes aprender, ejemplos de amor incondicional, de relación marital saludable y de compromiso. Ellos han visto matrimonios de éxito en acción. Saben que se puede lograr, a pesar del récord negativo de la familia de Kelly.

Más especialmente, Kelly y su esposo han forjado un matrimonio de más de treinta y un años basándose en el amor y el poder de Dios. Cuando necesitan más sabiduría de la que tienen para resolver un problema o para vencer un obstáculo, primero se la piden en oración.

Cuando saben qué cosa decir o hacer que les dé vida, pero no tienen las fuerzas necesarias para ponerla en práctica, le piden a Dios que les dé Su poder.

Y cuando todo con lo que pueden lidiar, aun Su ayuda, consiste en un paso o dos «fuera de la caravana» y en la dirección correcta, ellos confían en que Dios se va a presentar, va a honrar sus buenas intenciones, y va a hacer por ellos esas cosas que sólo Él puede hacer.

La triste verdad es que ser un hijo adulto del divorcio le ha puesto a usted bajo maldición. Pero la gran verdad que puede —más que— vencer la maldición es que con el poder de decisión que usted tiene y el poder de Dios para ayudarle a concretar los pensamientos, las palabras y las acciones correctas, puede empezar a moverse hoy mismo en una dirección positiva.

Hoy puede empezar a revocar la maldición.

Hoy puede dar esos primeros pasos, iniciar ese cambio de dos grados, para vencer las manifestaciones de la maldición en su vida.

Hoy puede empezar a romper el ciclo del divorcio en el que usted y su familia han estado atrapados. Al hacerlo, no sólo hará una mejor vida para sí mismo, sino que bendecirá a las futuras generaciones, a sus propios hijos y nietos, y a muchas generaciones por venir.

La decisión es suya.

Notas

Introducción

1. Judith S. Wallerstein, Julia M. Lewis y Sandra Blakeslee, *The Unexpected Legacy of Divorce* (New York: Hyperion, 2000), p. xiii [*El inesperado legado del Divorcio* (Buenos Aires: Atlantida, 2002)].

2. Beverly y Tom Rodgers, "Pain and Triumph for Children of Divorce", en www.soulhealinglove.com, 13 enero 2005, citando el informe de la Heritage Foundation "The Effects of Divorce on America", 5 junio 2000.

3. "Children of Divorce Getting Divorced Themselves; Becoming Teen Moms, Single Moms, Battered Wives", en http://divorcereform.org/teenmoms.html, 15 julio 2004.

Capítulo 1

1. Toby Green, "Custody and Safekeeping", Body & Soul, 18 noviembre 2001, en www.tobygreen.com, 13 enero 2005.

2. Beverly y Tom Rodgers, "Pain and Triumph for Children of Divorce", en www.soulhealinglove.com, 13 enero 2005, citando el informe de la Heritage Foundation "The Effects of Divorce on America", 5 junio 2000.

3. "Divorce Statistics", en www.co.midland.mi.us, 14 enero 2005.

4. Lesli Carbone, "The Divorce Caste", en www.pfm.org, 14 enero 2005.

5. Cara Williams en "Survey suggests parental breakup may affect child's marriage prospects in adulthood", Canadian Press, 11 septiembre 2001, en www.fact.on.ca, 14 enero 2005.

6. Gary A. Sprague, "Breaking the Cycle", *Single-Parent Family*, Focus on the Family, enero 1996.

Capítulo 2

1. Peg Tyre, "Trend Toward Solitary Confinement Worries Experts", www.cnn.com/US/9801/09/solitary. confinement/#1.

2. Eclesiastés 4.9-10.

Capítulo 3

1. 1 Corintios 15.33.

2. Los que cohabitan son 46% más propensos a divorciarse (Andrew Hermann, "20-somethings who have witnessed ugly divorces in no rush to repeat error", *Chicago Sun-Times*, 10 junio 2003, en www.suntimes.com, 13 enero 2005).

3. Proverbios 13.12.

Capítulo 4

1. 1 Juan 2.11.

Capítulo 5

1. Everett L. Worthington, Jr. y R. Kirby Worthington, "No Excuses", www.christianitytoday.com , 13 enero 2005.
2. 2 Reyes 21.5-6.
3. 2 Reyes 21.20-21.
4. 2 Reyes 22.2.
5. Karen L. Maudlin, "Children of Divorce", www.christianitytoday.com, 14 enero 2005.
6. Vea *The 2-Degree Difference* (Nashville: Broadman & Holman, 2006) y *Heart Shift* (Nashville: Broadman & Holman, 2004).
7. Proverbios 11.14.
8. Mateo 10.29-31.
9. 1 Pedro 5.7.
10. Efesios 2.4.
11. 1 Juan 4.6.
12. Salmo 69.16.
13. Salmo 86.5.
14. Salmo 100.5.
15. Juan 3.16.
16. Deuteronomio 23.4-5 (énfasis añadido).
17. Filipenses 2.13.

18. Filipenses 4.13.

Capítulo 6

1. Pamela Paul, *The Starter Marriage and the Future of Matrimony* (New York: Random House, 2002), citado en Karen S. Peterson, "Starter Marriage: A new term for early divorce", *USA Today*, 29 enero 2002, p. 8D.

Capítulo 7

1. Deuteronomio 30.19.

Capítulo 8

1. Elizabeth Marquardt, *Between Two Worlds* (New York: Crown, 2005), p. 189.
2. Ibid., p. 191.

Capítulo 9

1. Lucas 15.12.
2. Lucas 15.13.
3. Ibid.
4. Lucas 15.22-23.
5. Lucas 15.24.
6. Filipenses 3.13-14.
7. Hebreos 13.5.
8. Eclesiastés 4.9, 10, 12.
9. Génesis 2.18, 24.

Acerca de los autores

EL DOCTOR JOHN TRENT es el presidente y fundador del Center for Strong Families [Centro para familias fuertes] en Scottsdale, Arizona, donde entrena a líderes y pastores para que emprendan programas de ministerio para la familia en sus iglesias. Además de su trabajo en el centro, el doctor Trent es autor que tiene gran éxito de ventas y un orador muy solicitado en todo los Estados Unidos para hablar en retiros, conferencias, iglesias y seminarios.

Además de su seminario Strong Families in Stressful Times [Familias fuertes en tiempos estresantes], el doctor Trent también habla regularmente a empresas acerca del equilibrio entre el trabajo y la vida cotidiana y sobre cómo ser un líder con sus propias fuerzas. Ha sido orador para YPO Global Leadership Conference, en innumerables eventos del Young President's Organization Chapter y en Universidades de la Familia. También ha hablado a innumerables compañías como Chick-fil-A, Northwestern Insurance, The Walt Disney Corporation, Universal Studios, The United States Army, The United States Coast Guard Academy y muchas otras.

John ha participado en programas de radio y televisión como *Oprah Winfrey Show, Focus on the Family, Insight for Living, Billy Graham Evangelistic Association, The 700 Club, Chapel of the Air,*

Talk to the Doctors, *Life Perspectives*, *Prime Time* de Moody Broadcasting, *Parent Talk*, *Family Radio* y muchos más.

El doctor Trent es autor o coautor de más de una docena de éxitos de venta, libros que han ganado premios, incluyendo su más reciente: *The 2-Degree Difference*.

Visite la Web en http://www.StrongFamilies.com.

LARRY WEEDEN trabaja para Enfoque a la Familia como director del Departamento de Desarrollo de Libros. Es veterano con más de veinticinco años en el campo editorial cristiano, que ha trabajado con autores incluyendo a Chuck Colson, John Maxwell, Gary Smalley, Patsy Clairmont y muchos otros. También es un escritor activo por cuenta propia, con más de dieciséis libros, incluyendo: *Feeling Guilty* [Sintiéndose culpable], *Finding Grace* [Encuentre la gracia] y su libro más reciente *Wired by God* [Formado por Dios] (escrito junto con Joe White).